# MINDSET MILIONÁRIO

Título original: *Your Millionaire Mindset*

Copyright © 2022–Don Green and the Napoleon Hill Foundation

Mindset milionário
1ª edição: Março 2024

Direitos reservados desta edição: CDG Edições e Publicações

O conteúdo desta obra é de total responsabilidade do autor e não reflete necessariamente a opinião da editora.

**Autores:**
Don M. Green
Fundação Napoleon Hill

**Tradução:**
Edmilson Ribeiro

**Preparação de texto:**
Bruna Tonella

**Revisão:**
Debora Capella
Iracy Borges

**Projeto gráfico e capa:**
Jéssica Wendy

---

DADOS INTERNACIONAIS DE CATALOGAÇÃO NA PUBLICAÇÃO (CIP)

Green, Don M.
　　Mindset milionário : um guia prático para buscar riquezas e liberdade financeira / Don M. Green ; tradução de Edmilson Ribeiro. — Porto Alegre : Citadel, 2024.
　　276 p.

　　ISBN 978-65-5047-425-6
　　Título original: Your Millionaire Mindset

　　1. Autoajuda 2. Desenvolvimento pessoal 3. Sucesso 4. Finanças I. Título II. Ribeiro, Edmilson

24-0646　　　　　　　　　　　　　　　　　　　　　　CDD 158.1

Angélica Ilacqua - Bibliotecária - CRB-8/7057

**Produção editorial e distribuição:**

contato@citadel.com.br
www.citadel.com.br

# DON GREEN
### CEO mundial da Fundação Napoleon Hill

# MINDSET MILIONÁRIO

Um guia prático para buscar riquezas
e liberdade financeira

**Tradução:**
Edmilson Ribeiro

2024

# SUMÁRIO

Prefácio | O seu projeto milionário — 9

Capítulo 1 | Desejo: o ponto de partida da realização — 13

Capítulo 2 | Crenças: as únicas limitações estão em sua mente — 27

Capítulo 3 | Parcimônia: diferencie desejos de necessidades — 41

Capítulo 4 | Trabalho: aumente sua renda — 65

Capítulo 5 | Educação: aprenda a ganhar — 89

Capítulo 6 | Economias: bons hábitos levam a grandes futuros — 103

Capítulo 7 | Ativos: nem todos são criados iguais — 117

Capítulo 8 | Investimentos: gere riquezas como um milionário — 133

Capítulo 9 | Serviço: a chave de ouro para a construção de riquezas — 161

As informações disponíveis nesta publicação são fornecidas exclusivamente para fins informativos com uma base sugestiva, por conta e risco exclusivo do usuário. As informações não pretendem nem devem ser interpretadas como aconselhamento, tampouco devem ser usadas para fins de investimento. Esta publicação não se destina a fornecer assessoria fiscal, de investimento ou de serviços financeiros. O usuário é o único responsável por verificar se as informações são adequadas para o seu uso pessoal, inclusive sem limitação, buscando a assessoria de um profissional qualificado em relação a quaisquer questões financeiras específicas que o usuário possa ter. O material contido neste livro destina-se apenas a fins gerais de informação, e não a ser um conselho sobre qualquer assunto específico. As informações fornecidas nesta publicação podem não ser adequadas para todos os investidores. As informações estão sendo apresentadas sem considerar objetivos de investimento, tolerância ao risco ou circunstâncias financeiras de qualquer investidor específico. Você é responsável por suas próprias decisões de investimento. Pedimos aos leitores desta publicação que busquem conselhos profissionais antes de agir com base em qualquer informação nela contida.

> **Somente o homem tem o poder de transformar seus pensamentos em realidade física; somente o homem pode sonhar e tornar seus sonhos realidade.**
>
> – Napoleon Hill, *O manuscrito original*

# PREFÁCIO

# O SEU PROJETO MILIONÁRIO

Milionários não são feitos por acaso. A grande maioria dos indivíduos mais ricos do mundo construiu suas fortunas por meio de um planejamento rigoroso e ações decisivas. Não deixe que isso o desencoraje, fazendo você pensar que não é capaz de implementar os mesmos planos que a elite financeira. As regras básicas para construir riqueza são enganosamente simples. Napoleon Hill, autor do *best-seller* internacional *Quem pensa enriquece*, reconhece isso quando escreve: "Ganhar e guardar dinheiro é uma ciência, mas as regras pelas quais o dinheiro é acumulado são tão simples que qualquer um pode segui-las. O principal pré-requisito é a vontade de subordinar o presente ao futuro". Dê os passos certos hoje, e você poderá desfrutar da liberdade financeira no futuro.

Qualquer um pode aprender as regras para adquirir riquezas, mas nem todos conseguem segui-las. É preciso desejo, fé, autocontrole e iniciativa – um compromisso de fazer boas escolhas de forma consistente, mesmo quando medos e tentações ameaçam obstruir seu foco e dificultar seus esforços. Como disse o palestrante americano William Jennings Bryan: "O destino não é uma questão de acaso, é uma questão de escolha. Não é uma coisa a ser esperada, é uma coisa a ser alcançada". Ler este livro é o primeiro passo para assumir o controle do seu futuro financeiro e obter mais sucesso e alegria provenientes de todas as áreas da vida. Ademais, a segurança financeira é o pré-requisito para cultivar a paz de espírito – a mais alta forma de liberdade mental e emocional.

De fato, a riqueza material não é a única, nem mesmo a mais alta, medida de sucesso. Como Hill explica: "Eu ficaria muito desapontado em saber que qualquer leitor teve a impressão... de que o sucesso é medido apenas por dólares. No entanto", ele observa, "o dinheiro representa um fator importante no sucesso e deve receber seu valor adequado em qualquer filosofia destinada a ajudar as pessoas a se tornarem úteis, felizes e prósperas". Por essa razão, este livro ensina os princípios necessários para transformar seus pensamentos e comportamentos para que você possa construir riqueza e alcançar seus desejos mais profundos na vida. Acumular dinheiro pode não ser seu principal objetivo na vida. Contudo, como você irá descobrir, sem segurança financeira é quase impossível atrair oportunidades para sua vida ou construir as qualidades de caráter necessárias para o sucesso pessoal e profissional.

Como diretor-executivo e CEO da Fundação Napoleon Hill, e depois de uma longa e bem-sucedida carreira no setor bancário, observei inúmeras pessoas trabalhando em direção à segurança financeira. As histórias que compartilho neste livro irão revelar por que alguns indivíduos têm sucesso e outros são frustrados por seus próprios hábitos. Aqueles indivíduos que construíram um forte legado de riqueza e generosidade foram os que viveram de acordo com os princípios deste livro.

Tendo isso em mente, permita-me compartilhar as seguintes linhas do poema épico de Lord Byron, *Don Juan*:

*Mas palavras são coisas, e uma pequena gota de tinta,*
*Caindo como orvalho, sobre um pensamento, produz*
*Aquilo que faz milhares, talvez milhões, refletirem.*

Espero que nas páginas deste livro você encontre palavras que aumentem o desejo de melhorar sua vida pessoal, sua vida familiar e seus negócios por meio do controle de suas finanças e do conhecimento de como fazer seu dinheiro trabalhar para você – e para o bem de sua comunidade.

DON GREEN

> **O DESEJO é a semente de toda a realização, o ponto de partida, antes do qual não nada, ou pelo menos não nada de que tenhamos qualquer conhecimento.**
>
> eon Hill, *O manuscrito original*

CAPÍTULO 1

# DESEJO: O PONTO DE PARTIDA DA REALIZAÇÃO

A maioria das pessoas quer ficar rica, mas grande parte do mundo está endividada ou gastando o salário do mês e esperando o próximo pagamento. O desejo por dinheiro em si não é algo extraordinário. O problema é que, para 98 em cada 100 indivíduos, esse desejo é obscuro. É um anseio abstrato e não direcionado que equivale a nada mais do que um desejo ou uma esperança. No entanto, apenas desejar riqueza não lhe trará riquezas. O caminho para o sucesso começa com um *desejo definido*.

## ALIMENTE O DESEJO COM INSATISFAÇÃO

O primeiro passo para superar a pobreza, erradicar a dívida e construir riqueza é desejar – um desejo tão forte que você fica insatisfeito a tal ponto que se dispõe a fazer o esforço necessário para mudar. Não estou sugerindo que você ignore os motivos para ser grato em sua vida, mas estou dizendo que a insatisfação com seu estado atual pode ser uma ferramenta poderosa para motivá-lo a agir. Somente quando a insatisfação criada pelo estilo de vida que você leva for maior do que o desconforto da mudança é que você irá progredir em direção aos seus objetivos.

Lembro-me da história de um cavalheiro que estava visitando seu vizinho no campo. Enquanto conversavam sentados na varanda da frente, o visitante notou que o cão de caça do homem estava ganindo, como se estivesse com dor.

"O que há de errado com o seu cão?", perguntou o visitante.

"Ah, ele está deitado em uma tábua que tem um prego solto e que o está machucando."

"E por que ele não sai dali?", perguntou o visitante.

"Para dizer a verdade", disse o homem, "o prego não o está machucando tanto assim".

É fácil se encontrar na posição em que você simplesmente não quer se esforçar porque é mais fácil inventar desculpas e reclamar do que progredir. Para ter sucesso, você precisa de um desejo intenso forte o bastante para fazê-lo mudar seus hábitos destrutivos e criar novos hábitos, propícios à construção de riqueza. Como Napoleon Hill nos diz: "O ponto de partida de toda realização é o DESEJO. Tenha isso sempre em mente. Desejos fracos trazem resultados fracos, assim como uma pequena quantidade de fogo produz uma pequena quantidade de calor".

> **Somente quando a insatisfação criada pelo estilo de vida que você leva for maior do que o desconforto da mudança é que você irá progredir em direção aos seus objetivos.**

Nas famosas parábolas de George S. Clason reunidas em *O homem mais rico da Babilônia*, Arkad, o habitante mais rico da Babilônia, explica como construiu sua fortuna monumental sem recursos – "apenas com um grande desejo por riqueza". O seu desejo por ouro o levou a encontrar o conhecimento de que precisava para adquiri-lo. Usando sua bolsa vazia e gasta como símbolo da pobreza que detestava, Arkad obrigou-se a viver de acordo com os princípios financeiros que descobriu. No foco de sua atenção sempre esteve o desejo de que a bolsa fosse "redonda e cheia, tilintando o som do ouro". Com esse desejo intenso guiando suas ações, ele logo foi capaz de engordar sua bolsa.

Em *Quem pensa enriquece*, Hill conta a história de um homem que tinha um *desejo intenso* tão forte que estava disposto a fazer o que fosse preciso, com exceção de infringir os direitos dos outros, para criar a vida que ele imaginava para si mesmo. Edwin C. Barnes desejava ser o parceiro do grande inventor Thomas A. Edison. Pouco importava que ele não tivesse recursos ou habilidades que o qualificassem para o cargo. Ele nem mesmo tinha dinheiro para pegar um trem para o laboratório de Edison – ele teve que ir em um trem de carga. O seu desejo era tão forte que, em sua mente, o cobiçado título já havia sido designado para ele, e nada ficaria em seu caminho para requerer o seu direito sobre ele.

Quando chegou ao laboratório, Barnes declarou seu propósito de se tornar sócio de Edison e obteve uma reunião com o inventor. Edison ficou tão impressionado com a autoconfiança de Barnes que lhe ofereceu um cargo de nível básico no local. Barnes viu isso não como uma derrota, mas como uma oportunidade, e empenhou todo o seu esforço e energia em função de seu propósito principal. Ele poderia ter tomado o caminho de menor dificuldade e aceitado trabalhar perto do grande inventor em vez de ser sócio dele, mas seu desejo era claro. Além disso, ele poderia ter colocado uma condição em seus esforços, desistindo se, depois de alguns meses, não avançasse dentro da empresa. Em vez disso, ele se comprometeu a fazer qualquer coisa que Edison lhe pedisse – e muito mais – para que pudesse reivindicar o cargo de sócio já instituído para ele. Em pouco tempo, a oportunidade veio quando Barnes aceitou um desafio não desejado pelos associados de vendas de Edison – vender um novo ditafone chamado Ediphone. Barnes teve tanto sucesso que conseguiu um contrato exclusivo para distribuir e comercializar a tecnologia em todos os Estados Unidos.

Hill é muito claro sobre por que o desejo de Barnes lhe permitiu concretizar seu propósito principal definido: "O desejo de Barnes não era uma *esperança!* Não era um *pedido!* Era um DESEJO intenso e pulsante, que transcendia todo o resto. Era DEFINIDO". Ele pode não ter se originado de uma forma tão estruturada. É bem provável que ele tenha começado como um pedido ou uma esperança, mas Barnes investiu emocional e intelectualmente em seu objetivo e se libertou de todas as amarras até isso se tornar a obsessão dominante em sua vida. Isso gerou nele energia para se esforçar ainda mais em seu trabalho, reconhecer a oportunidade e trabalhar nela assim que ela apareceu, e nunca aceitar a derrota como definitiva.

## CULTIVE UMA MENTALIDADE DE CONSCIÊNCIA MONETÁRIA

Você está lendo este livro porque quer algo muito maior do que o desejo passivo por "mais" vai lhe dar. Para transformar seu desejo em realidade material, ele precisa se solidificar em um *propósito principal definido*. Como Hill explica em *O manuscrito original*: "O desejo é o fator que determina qual será seu propósito principal definido na vida. Ninguém pode selecionar seu desejo dominante por você, mas uma vez que você o seleciona por si mesmo, ele se torna seu objetivo principal definido e ocupa os holofotes de sua mente até se transformar em realidade, a menos que você permita que ele seja deixado de lado por desejos conflitantes".

Se você deseja construir riqueza, você tem que se tornar *consciente monetariamente*. Isso significa, nas palavras de Hill, que "a mente se torna tão completamente saturada com o DESEJO por dinheiro que a pessoa é capaz de já se ver em posse dele". Quando você visualiza seu desejo com especificidade e vivacidade, você se torna tão determinado que se convence de seu futuro sucesso em alcançá-lo. Essa crença inabalável em sua capacidade de concretizar seu desejo é essencial – é a primeira característica definidora da mentalidade milionária. A mente é uma ferramenta extremamente poderosa: seus pensamentos, e as emoções que você anexa a eles, ditam seus resultados. Hill oferece a fórmula a seguir para usar seus pensamentos a fim de transformar seu desejo em realidade.

## Fórmula de Napoleon Hill
## para converter o desejo em riquezas

*Primeiro. Fixe em sua mente a quantidade exata de dinheiro que você deseja. Não basta apenas dizer "Quero muito dinheiro". Seja claro quanto à quantidade. (Há uma razão psicológica que será descrita em um capítulo subsequente.)*

*Segundo. Determine exatamente o que você pretende dar em troca do dinheiro que deseja. (Não existe tal realidade como "algo em troca de nada".)*

*Terceiro. Estabeleça uma data para quando você pretende possuir o dinheiro que deseja.*

*Quarto. Crie um plano definido para realizar seu desejo, e comece de uma vez, estando pronto ou não, a colocar esse plano em ação.*

*Quinto. Escreva uma declaração clara e concisa da quantidade de dinheiro que você pretende adquirir, nomeie o prazo para sua aquisição, declare o que você pretende dar em troca do dinheiro e descreva claramente o plano por meio do qual você pretende acumulá-lo.*

*Sexto. Leia sua declaração em voz alta, duas vezes por dia, uma vez antes de se deitar à noite e uma vez depois de se levantar de manhã. ENQUANTO VOCÊ LÊ – VEJA, SINTA E ACREDITE EM SI MESMO JÁ EM POSSE DO DINHEIRO.*

Essa fórmula é incrivelmente eficaz porque aproveita o poder do pensamento para ativar seus reservatórios de poder e criatividade.

Como Hill explica: "Qualquer ideia, plano ou propósito dominante mantido na mente por meio da repetição do pensamento, e tratado emocionalmente com uma ideia intensa por sua realização, é assumido pela seção subconsciente da mente e colocado em ação quase instantaneamente por qualquer meio natural e lógico que esteja disponível". Em outras palavras, ao fixar seu desejo em sua mente e investir com determinação e emoções construtivas, você pode formular planos práticos para atingir seu principal propósito, reunir a coragem para implementá-los e desenvolver a tenacidade para manter o curso até que seus planos sejam cumpridos.

## ADOTE UMA ESTRUTURA DE MOTIVO

Para fortalecer seu desejo por riquezas, é útil determinar seu "porquê" – ou seja, por que você quer construir riqueza em primeiro lugar. As razões básicas para a aquisição de dinheiro são as seguintes:

1. O dinheiro provê as necessidades básicas, como comida, roupas, abrigo e cuidados médicos.
2. O dinheiro provê segurança para o futuro, quando você pode não ser fisicamente capaz de ganhar dinheiro.
3. O dinheiro provê acesso a meios para aproveitar a vida, como viagens e entretenimento.
4. O dinheiro pode ser usado para ajudar os outros ou apoiar causas que valem a pena.

Nos Estados Unidos, você pode viver legalmente onde quiser, comer em qualquer restaurante que escolher e viajar pelos meios mais confortáveis possíveis. Ter o direito legal de fazer é uma coisa, mas ser capaz de fazê-lo é outra. Necessidades e desejos requerem dinheiro, e se você se encontrar sem recursos financeiros, suas escolhas serão limitadas – você terá pouca liberdade econômica.

Determine qual motivo ou combinação de motivos irá impelir seu propósito principal definido para que você continue dedicado a persegui-lo. Como Hill diz: "Um desejo intenso por trás de seu propósito definido é necessário, e você não terá um desejo intenso a menos que tenha um motivo que literalmente o inflame, e quanto mais desses motivos você tiver o instigando, maior é a probabilidade de entrar em contato com a mente subconsciente". Ele lista nove motivos básicos para a realização individual:

1. O amor
2. O desejo por sexo
3. O desejo por riqueza material ou dinheiro
4. O desejo de autopreservação
5. O desejo pela liberdade do corpo e da mente
6. O desejo de autoexpressão
7. O desejo de vida após a morte
8. O desejo de vingança
9. A emoção do medo

Os dois últimos motivos são impulsos destrutivos e tipicamente contraproducentes. O medo, por exemplo, pode mantê-lo na pobreza a vida toda, impedindo-o de usar sua iniciativa pessoal. Selecione os motivos que irão inspirá-lo a agir – que dão a você um forte "porquê" para superar o desconforto da mudança. Como é raro ficar rico da noite para o dia, acumular riqueza pode ser uma experiência muito desconfortável: exige tempo, paciência e a renúncia de alguns prazeres momentâneos para que a paz de espírito possa ser obtida a longo prazo. Você precisa de um motivo que lhe dê a base lógica e o impulso emocional para perseverar – para encontrar satisfação e propósito na busca do sucesso.

Em *Em busca de sentido*, Viktor E. Frankl reflete sobre os três anos e meio que passou em quatro campos de concentração nazistas, incluindo Auschwitz. Ele observa que os sobreviventes, na maioria das vezes, eram aqueles que tinham uma forte razão pela qual queriam viver. Ele escreve: "Não há nada no mundo... que ajude tão efetivamente alguém a sobreviver, até mesmo às piores condições, do que o conhecimento de que há um significado na vida de alguém". Para Frankl, a motivação derivava de seu desejo de se reunir com sua família e continuar o trabalho em que ele estava envolvido antes de entrar nos campos de concentração nazistas. Esse trabalho lhe deu um grande propósito, inspirando-o a escrever: "Um homem que se torna consciente da responsabilidade que carrega em relação a um ser humano que o espera carinhosamente, ou em relação a um trabalho inacabado, nunca será capaz de jogar fora sua vida. Ele sabe o 'porquê' de sua existência e será capaz de suportar quase qualquer 'como'". A oportunidade de prestar serviço aos outros de alguma forma, ou de viver generosamente, são incentivos particularmente fortes. Qualquer motivo que faça você pensar além de si mesmo é inerentemente mais estimulante porque adiciona uma responsabilidade à atração da riqueza.

Por que você quer ficar rico? Certifique-se de que sua razão, ou conjunto de razões, é importante o suficiente para inspirar um crescimento consistente e duradouro. Uma vez que você saiba *por que* quer construir riqueza, *o como* tende a se resolver naturalmente. Lembre-se destas palavras do especialista em sucesso do século 19 Samuel Smiles:

> **Os homens decididos a encontrar um caminho para si mesmos sempre encontrarão oportunidades suficientes; e se eles não as encontrarem, eles as criarão.**
>
> – Samuel Smiles

## REVISÃO PARA RIQUEZAS

- ❖ Os três passos necessários para garantir o sucesso são:
  1. Um desejo intenso
  2. A cristalização desse desejo intenso em um propósito definido
  3. Ação apropriada suficiente para alcançar esse propósito
- ❖ O Desejo é o ponto de partida de todas as conquistas. Ele deve ser mais forte do que mera esperança ou anseio – deve ser a paixão que consome sua vida.
- ❖ Cultive uma mentalidade de consciência monetária vendo a si mesmo como se já estivesse em posse da soma que você deseja.
- ❖ Alimente seu desejo com uma estrutura de motivo – um "porquê" claro que permita que você supere o desconforto da mudança para trabalhar em seus sonhos. Os nove motivos básicos identificados por Hill são os seguintes (sendo os dois últimos negativos):

- O amor
- O desejo por sexo
- O desejo por riqueza material ou dinheiro
- O desejo de autopreservação
- O desejo por liberdade do corpo e da mente
- O desejo de autoexpressão
- O desejo de vida após a morte
- O desejo de vingança
- A emoção do medo

## O SEU GRANDE PLANO MILIONÁRIO

✧ Selecione seu propósito principal definido. Para isso, responda a esta pergunta: Como você define "riqueza" ou "riquezas"? As riquezas podem ser mentais, espirituais, emocionais ou financeiras – você precisa determinar por si mesmo qual é o seu desejo mais profundo. O que irá proporcionar a sua vida um verdadeiro significado e lhe dará a máxima paz de espírito?

✧ Se o seu propósito principal definido não é obter uma quantidade específica de dinheiro, como o dinheiro desempenha um papel (se é que o faz) em sua capacidade de viver de acordo com o seu propósito?

_____

_____

_____

_____

_____

_____

_____

_____

✧ Que motivo, ou combinação de motivos, fornece a você a maior inspiração para se dedicar completamente – a longo prazo – a alcançar seu propósito principal?

_____

_____

_____

_____

_____

_____

_____

_____

❖ Siga a fórmula de Hill para converter o desejo em riquezas. Lembre-se de visualizar a si mesmo já em posse do tesouro que deseja e de apoiar essa visão com a lógica e a emoção fornecidas por sua estrutura de motivo única.

_____
_____
_____
_____
_____
_____
_____
_____
_____
_____

O que a mente é capaz de conceber e acreditar, ela é capaz de alcançar!

– Napoleon Hill

**"**

Todos são capazes de desejar vantagens financeiras, materiais ou espirituais, mas o elemento da fé é o único poder certo pelo qual um desejo pode ser transformado em uma crença, e uma crença na realidade.

**"**

– Napoleon Hill, *Mais esperto que o Diabo*

CAPÍTULO 2

# CRENÇAS: AS ÚNICAS LIMITAÇÕES ESTÃO EM SUA MENTE

Você já foi a um circo e viu um elefante acorrentado a um espeto de metal que se estende até o chão? Certamente o poderoso elefante, que pesa até duas toneladas, poderia facilmente usar sua tremenda força para conquistar a liberdade puxando a estaca que o mantém preso. O problema é que ele não sabe de sua capacidade. O mesmo pode ser dito da maioria das pessoas que não são bem-sucedidas, pois não percebem do que são capazes.

Quando o bebê elefante é muito pequeno, fica preso a uma haste de metal fincada no chão. Depois de inúmeras tentativas fracassadas de se libertar, o pequeno elefante desiste de tentar e aceita seu destino. Ele é condicionado a acreditar que é incapaz de se libertar de suas correntes, quando, na realidade, o elefante crescido, com sua força aumentada, poderia facilmente arrancar a haste do chão. Uma vez treinado para aceitar a sua impotência, ele foi conquistado.

A história do elefante é aplicável ao progresso humano. Uma vez que aceitamos uma limitação em nossa capacidade de alcançar um desejo, não importa se a crença é verdadeira ou não. A mudança positiva deve começar com a crença não apenas na *possibilidade* de sucesso, mas na *certeza* dele. Sem esse entendimento, seu grau de realização na vida será restrito porque é raro irmos além de nossas expectativas com relação a nós mesmos.

> ## A mudança positiva deve começar com a crença não apenas na *possibilidade* de sucesso, mas na *certeza* dele.

Se você ainda não tem confiança em sua capacidade de sucesso, precisa desenvolvê-la. Isso não significa tornar-se arrogante; significa que você acredita que pode crescer em direção ao que quer que sua vida seja. Ao contrário do elefante, os humanos têm a capacidade de raciocinar. Assim, ainda que tenhamos sido treinados a acreditar na futilidade de nossas tentativas de sair da dívida e construir riqueza, podemos mudar nossas crenças para que entendamos que nossas únicas limitações reais são aquelas que criamos em nossa própria mente.

Primeiro, você deve acreditar que pode mudar sua condição na vida, depois reconhecer que essa mudança requer pensamentos e ações diferentes daqueles com os quais você já se envolveu antes. Se você espera ou deseja mudanças, mas ainda faz as mesmas escolhas, essa é a própria definição de insanidade – praticar a mesma ação e esperar resultados diferentes do que você teve no passado. Milhões de pessoas vivem na pobreza ou perto da linha da pobreza e simplesmente veem isso como sua sorte na vida. Ou elas pensam que, se continuarem labutando, em algum momento terão sua "chance". A sua capacidade de mudança depende de sua vontade de mudar: quando você redefinir seus pensamentos para se concentrar em sua capacidade inerente e recalibrar suas ações para se alinharem com esses pensamentos construtivos, então uma mudança positiva ocorrerá. Você vai descobrir que, ao contrário do elefante, no final das contas você tem controle sobre suas circunstâncias.

Não viva a história do elefante, que puxa troncos enormes, mas nunca contesta a força de suas correntes. Adquira a crença e a disciplina necessárias para desafiar sua situação atual, de modo que você possa deixar o grupo dos que não têm e se juntar ao dos que têm.

> A fé é o 'elixir eterno' que dá vida, poder e ação ao impulso do pensamento!
>
> – Napoleon Hill

# UM MILIONÁRIO DA SEXTA SÉRIE

A crença em si mesmo, quando combinada com a autodisciplina e a desenvoltura, permitirá que você supere qualquer desvantagem aparente na vida. Veja, por exemplo, a história de Clint e Lucille, um casal que viveu mais de noventa anos. Quando jovem, Clint foi trabalhar nas minas de carvão, carregando carvão à mão por cerca de US$ 2 por dia. Ele não refletiu muito sobre as condições perigosas de trabalho ou o trabalho duro necessário para o serviço. Ele estava simplesmente tentando sobreviver.

Clint era um dos dezesseis filhos, e sua mãe morreu quando ele tinha apenas catorze anos. Como resultado, ele só estudou até o sexto ano e foi trabalhar para sustentar sua família. Quando a mãe de Clint morreu, havia uma conta de US$ 300 no hospital para ser paga. Clint continuou a trabalhar nas minas de carvão, nunca ganhando mais de US$ 15 ou US$ 16 por dia. Ele por fim se casou com uma mulher chamada Lucille, e ele e sua esposa eram tão cuidadosos com seus ganhos que conseguiram estruturar suas economias ao longo do tempo.

Mais tarde, Clint construiu alguns pequenos quartos perto de sua casa que poderiam ser usados por pessoas trabalhadoras da região. Isso foi antes de haver hotéis ou motéis na cidade. Lucille abriu uma pequena lanchonete na beira do quintal e começou a vender cachorros-quentes, hambúrgueres e outros alimentos simples para trazer um dinheiro extra.

Como banqueiro, conheci Clint e Lucille muito bem, incluindo os detalhes minuciosos de sua situação financeira. Assim como um relógio, o casal ia ao meu escritório uma vez por mês, geralmente em uma quarta-feira, sempre a tempo do almoço – para o meu deleite. Eles pediam sanduíches e comiam metade, ganhando uma caixa para as sobras. Sua filosofia era simples: "não desperdice". Eu sabia que eles terminariam a outra metade em sua refeição da noite.

Quando Clint e Lucille se aproximaram dos oitenta anos, perguntei-lhes sobre um testamento. Como nunca tiveram filhos, assumiram que, quando um morresse, o outro ficaria com tudo. Mas eu os adverti sobre a possibilidade de, Deus os livre, ambos morrerem ao mesmo tempo em um acidente. Sem testamento e com uma longa linhagem de irmãos e irmãs, a lista de potenciais herdeiros de seus US$ 1,2 milhão (sem incluir casa e bens pessoais) teria sido enorme. Na época, o imposto sobre a propriedade teria consumido uma grande quantidade de seus fundos, então encorajei Clint a dar seu dinheiro para uma boa causa. Ele fez um cheque de US$ 500 mil naquele dia para a faculdade da Universidade da Virgínia em Wise, criando uma bolsa de estudos para os jovens frequentarem a faculdade. Mais tarde, ele adicionou US$ 225 mil ao fundo de bolsas que ajudou a estabelecer, e hoje esse mesmo fundo auxilia centenas de jovens a frequentar a faculdade, muitos deles estudantes universitários de primeira geração. Somas de US$ 100 mil cada uma foram para outras instituições de caridade, como o Hospital de Pesquisa Infantil de St. Jude, a Associação Americana do Coração, a Sociedade Americana do Câncer, e outras causas, até que todo o patrimônio foi doado.

Por meio do trabalho árduo, da vida moderada, do ódio ao desperdício e da economia consistente, Clint superou os obstáculos de nascer na pobreza, não ter uma educação e viver em uma área com poucas oportunidades. Ele tinha fé em sua habilidade de superar suas circunstâncias e construir um legado do qual qualquer um poderia se orgulhar, e foi exatamente isso que ele fez.

Contanto que você acredite em seu sucesso final, nenhum opositor ou contratempo temporário irá forçá-lo a sair do curso.

A fé lhe dará coragem e resiliência para superar quaisquer dificuldades que estejam contra você, a personalidade agradável para atrair a cooperação dos outros e a criatividade para identificar planos práticos para atingir seu objetivo principal definido.

## A FÉ É O CATALISADOR DO SUCESSO

A fé é o elemento que, quando aplicado ao seu propósito principal definido, ativa o subconsciente para identificar planos práticos para realizar seu objetivo principal. Como Hill explica: "Qualquer desejo, plano ou propósito dominante apoiado por esse estado de espírito conhecido como fé é tomado pela seção subconsciente da mente e executado de modo imediato". A fé converte o desejo de sucesso em um imperativo espiritual. Ela colore nossos pensamentos para que eles ganhem força e convençam nosso subconsciente a sintonizar-se às oportunidades de crescimento em nosso meio. Ela age como um catalisador em uma reação química: incentiva a reatividade dos elementos que operam em nossa mente – ou seja, nosso propósito principal definido e as emoções positivas que associamos a ele – sem diminuir a si mesma.

Felizmente, a fé é algo que qualquer um pode cultivar. Repetindo instruções à sua mente subconsciente, você pode induzi-la a gerar automaticamente um estado de espírito propício ao sucesso. Se você libertar sua mente de todas as emoções negativas, em especial o medo, pode, de modo voluntário, desenvolver a emoção da fé. Como Hill afirma: "A fé é um estado de sentimento que se experimenta quando o cérebro físico é limpo voluntariamente de todas as formas de conflito emocional". Quanto mais mensagens negativas você inserir em seu cérebro ou internalizar do seu ambiente, mais você cultivará um estado de espírito de medo e dúvida.

É importante lembrar que sua mente nunca está inativa, então, se você não gerenciar ativamente seus pensamentos, estímulos externos tóxicos provavelmente terão acesso ao seu subconsciente. Por exemplo, se você se cercar daqueles focados na pobreza, adotará os mesmos hábitos mentais. Você vai passar a temer a pobreza enquanto também espera que ela o siga. Como nossos pensamentos se harmonizam com nosso entorno, é importante que nos incorporemos em uma rede de indivíduos positivos que apoiam o pensamento independente. Além disso, devemos filtrar o barulho que nos bombardeia diariamente. Uma mente passiva é vulnerável aos caprichos do mundo, que tendem a se mover na direção do medo e da superstição. Descarte pensamentos passivos, sem rumo e pense intencionalmente pensamentos positivos e afirmativos. Quando você alcançar o estado de espírito conhecido como fé, será capaz de usar o poder do pensamento positivo para encontrar soluções e oportunidades para sustentar seu sucesso. Quando você gera pensamento a partir de uma posição de fé, é muito mais provável que seu subconsciente regule o seu comportamento de acordo com seus desejos e suas instruções imediatamente.

> **Uma mente passiva é uma mente vulnerável aos caprichos do mundo.**

Os dois segredos para desenvolver o estado mental conhecido como fé são *a repetição* e *a visualização*. Uma vez que você joga fora as influências negativas do seu ambiente, deve substituir quaisquer pensamentos passivos por pensamentos ativos e positivos. A melhor afirmação que você pode repetir é uma declaração de seu propósito principal definido ou desejo primário. Quanto mais você disser à sua mente que alcançará seu propósito principal, mais ela acreditará em você e o ajudará a descobrir o melhor mecanismo para atingir seu objetivo final. Juntamente com a repetição, você deve usar a visualização, pintando um quadro vívido de como será, poderá ser sentida, ouvida e até mesmo cheirada e saboreada a realização do seu propósito principal. Defina uma imagem concreta em sua mente de toda a experiência sensorial do sucesso, e sua mente trabalhará para realizar a visão que você tem para sua vida. Em *Quem pensa enriquece*, Hill transforma esses princípios em uma fórmula útil para cultivar fé.

## *Fórmula de autoconfiança de Napoleon Hill*

*Primeiro. Eu sei que tenho a capacidade de alcançar o objeto do meu Propósito Definido na vida, portanto EXIJO de mim mesmo uma ação persistente e contínua em relação à sua realização, e eu aqui e agora prometo fazer tal ação.*

*Segundo. Eu percebo que os pensamentos dominantes da minha mente em algum momento se reproduzirão para fora, em ação física, e gradualmente irão se transformar em realidade física, portanto vou concentrar meus pensamentos, por trinta minutos diariamente, na tarefa de pensar na pessoa que pretendo me tornar, criando assim uma imagem mental clara dessa pessoa.*

*Terceiro. Eu sei, por meio do princípio da sugestão automática, que qualquer desejo que eu tiver em minha mente de modo persistente vai, em algum momento, buscar expressão por alguns meios práticos para sua realização, portanto dedicarei dez minutos diários para exigir de mim mesmo o desenvolvimento da AUTOCONFIANÇA.*

*Quarto. Eu escrevi uma descrição do meu OBJETIVO DEFINIDO na vida, e nunca vou parar de tentar, até que tenha desenvolvido autoconfiança suficiente para sua realização.*

*Quinto. Eu plenamente percebo que nenhuma riqueza ou posição pode durar muito tempo, a menos que seja construída sobre a verdade e a justiça, portanto não me envolverei em nenhuma transação que não beneficie todos a quem ela afete. Eu vou alcançar o sucesso, atraindo para mim as forças que desejo usar e a cooperação de outras pessoas. Vou induzir outros a me servirem, por causa da minha vontade de servir aos outros. Eliminarei o ódio, a inveja, o ciúme, o egoísmo e o cinismo, desenvolvendo o amor por toda a humanidade, porque sei que uma atitude negativa para com os outros nunca pode me trazer sucesso. Farei com que outros acreditem em mim, porque acreditarei neles e em mim mesmo.*

*Assinarei meu nome nesta fórmula, a guardarei na memória, e a repetirei em voz alta uma vez por dia, com plena FÉ de que gradualmente influenciará meus PENSAMENTOS e minhas AÇÕES para que eu me torne uma pessoa autoconfiante e bem-sucedida.*

A mente é a oficina onde todas as ideias têm seu início. Você tem a habilidade de pensar como quiser. Para esperar riqueza, precisa se livrar do medo e de qualquer dúvida de que você será capaz de realizar seu objetivo na vida. Você deve acreditar que pode criar o que quiser criar. Se você tem a capacidade de pensar e acreditar, também tem a capacidade de realizar.

Uma vez que você tenha removido as dúvidas e a descrença de sua mente, terá dado um passo muito importante na criação de um futuro financeiro sólido. A mente não pode manter pensamentos de natureza oposta simultaneamente. Ela não é capaz de pensar em pobreza e riquezas ao mesmo tempo. Por essa razão, é muitíssimo importante que você se concentre exatamente no que quer, e *não* no que não quer. Você desenvolverá uma imagem mental muito forte do que deseja e acreditará na possibilidade dela. Você vai realmente vê-la no presente e será capaz de imaginá-la como se já estivesse em posse dela. O teólogo Norman Vincent Peale capturou isso muito bem quando disse: "Se você quer uma qualidade, aja como se já a tivesse".

Familiarize-se com esses princípios de sucesso até que você acredite e saiba que eles são verdadeiros. Isso pode ser feito da mesma forma que você aprendeu o alfabeto e as tabuadas quando era jovem – repetindo-os continuamente.

Você tem dentro de si mesmo agora as sementes do sucesso. Se você se aproveitar do grande princípio natural pelo qual pensamentos concebidos na fé são convertidos em seu material equivalente, então, como Clint e Lucille, também pode construir um legado do qual você se orgulhe.

## REVISÃO PARA RIQUEZAS

✧  As únicas limitações financeiras que existem estão em sua mente. Para cultivar a consciência do sucesso, você deve requalificar seu cérebro para acreditar não apenas na *possibilidade* de sucesso, mas na *certeza* dele.

✧ Como seres humanos, podemos mudar nossas circunstâncias, independentemente de termos nascido com certas desvantagens aparentes, como pobreza ou falta de educação formal.

✧ A sua capacidade para crescer e ser bem-sucedido depende de sua vontade de mudar a própria forma de pensar e agir. Se você continuar a se envolver nas mesmas atividades, pode esperar os mesmos resultados – e um platô, ou mesmo uma queda, em sua jornada de sucesso.

✧ A fé é:

1. Uma emoção que você experimenta quando sua mente fica livre de toda negatividade.

2. Um estado de espírito que permite que você acesse níveis mais altos de pensamento.

3. Um catalisador que ativa uma reação poderosa entre seu propósito principal definido e as outras emoções positivas que você aplicou a ele.

✧ O pensamento passivo e sem rumo deixa você vulnerável aos caprichos do mundo, que tendem a se mover em direção ao medo e à superstição. Substitua esses pensamentos destrutivos por pensamentos positivos e afirmativos com os quais você alimenta seu subconsciente de maneira ativa.

✧ As ferramentas para desenvolver o estado mental conhecido como fé são *a repetição* e *a visualização*. Repita uma declaração de seu propósito principal definido ou desejo primário inúmeras vezes ao longo do dia, enquanto visualiza detalhadamente a experiência sensorial exata de alcançar o sucesso, e seu subconsciente irá acreditar em você e o ajudará a descobrir os melhores planos para alcançar seu objetivo final.

# O SEU GRANDE PLANO MILIONÁRIO

✧ Escreva uma lista de suas aparentes desvantagens. Então, ao lado de cada uma, identifique uma maneira pela qual cada desvantagem poderia ser reformulada para servir como uma vantagem ou oportunidade de crescimento.

_____

_____

_____

_____

_____

_____

✧ Crie três afirmações para si mesmo que você possa usar para cultivar o estado da mente conhecido como fé. Deve-se focar a certeza do seu sucesso em alcançar seu propósito principal definido.

_____

_____

_____

_____

_____

_____

✧ Pinte um retrato vívido da experiência de alcançar seu principal desejo na vida. Use todos os sentidos disponíveis para você – visão, audição, olfato, paladar e tato – e os detalhes mais concretos possíveis.

_____

_____

_____

_____

_____

_____

_____

✧ Ponha lado a lado essa atividade de visualização e as afirmações que você criou para si mesmo, e descubra o potencial da repetição e do imaginário para ativar os poderes criativos de seu subconsciente!

_____

_____

_____

_____

_____

_____

_____

> **"**
>
> A pessoa que está livre de dívidas pode derrotar a pobreza e alcançar um excelente sucesso financeiro, mas se ela está vinculada à dívida, tal conquista é apenas uma possibilidade remota, nunca uma probabilidade.
>
> **"**

– Napoleon Hill, *O manuscrito original*

CAPÍTULO 3

# PARCIMÔNIA: DIFERENCIE DESEJOS DE NECESSIDADES

Em meu primeiro emprego, eu era o gerente assistente de uma empresa de crédito ao consumidor, o que exigia que eu passasse a maior parte do meu tempo visitando as casas de pessoas cujo empréstimo já havia vencido. Eu tentava fazer com que elas encontrassem maneiras de pagar o empréstimo, e quando não conseguiam, era forçado a recuperar a garantia dada pelo empréstimo. As casas que eu visitava sempre tinham uma televisão, mas nunca vi nenhum livro além da Bíblia. A maioria dessas pessoas tinha empregos bem remunerados, mas simplesmente não se educava. Na maioria dos casos, trabalhavam para uma empresa que fornecia habitação e tinham acesso à loja da empresa, onde tudo, desde mantimentos até móveis, poderia ser comprado no crédito. No entanto, quando o dinheiro extra era necessário, muitas dessas pessoas dependiam de pequenas empresas de empréstimos e depois passavam anos e anos sem pagá-los. Naquela época, a taxa de juros era de cerca de 20%.

O negócio de empréstimos ao consumidor não era interessante para o consumidor. O limite de empréstimo naquela época era de US$ 600, com um prazo máximo de 20 meses. Os pagamentos eram geralmente de US$ 37,53 por mês e exigiam uma taxa de US$ 10 para o seguro de vida. Como resultado do empréstimo de US$ 600, o consumidor acabava pagando cerca de US$ 750 no total. Você deve estar se perguntando por que estou mencionando isso sobre o negócio de empréstimos ao consumidor. É porque aprender o que não fazer é muitas vezes mais importante do que aprender o que fazer.

Meu pai começou a trabalhar como mineiro de carvão subterrâneo aos dezessete anos. Lembro-me dele me contando uma história sobre a época em que botas de segurança eram vendidas em uma loja de departamentos local. Esse estabelecimento estava cobrando alguns dólares a menos pelas botas do que a loja da empresa. Um dia, um mineiro mais velho comentou com meu pai que suas botas pareciam novas e perguntou-lhe onde ele as havia conseguido. Meu pai respondeu dizendo que tinha comprado as botas da loja da empresa, como todo mundo. O mineiro mais velho rapidamente avisou meu pai que as botas poderiam ser adquiridas por menos dinheiro na loja de departamentos local. Depois desse encontro, meu pai rapidamente aprendeu a ficar longe da loja da empresa, onde o crédito estava prontamente disponível, mas muitas vezes atolava os indivíduos em um ciclo vicioso de dívidas.

Esse período foi logo após a Segunda Guerra Mundial, e por muitos anos a loja da empresa era tudo o que a maioria dos mineiros conhecia. As cidades mineradoras eram muito isoladas nas montanhas, então a viagem era difícil, e fazer compras na loja da empresa era mais fácil. O astro da música country Ernie Ford tem uma famosa canção chamada "16 Tons", na qual faz referência ao engodo da loja da empresa em cidades mineradoras:

> Você carrega 16 toneladas, o que você ganha?
> Outro dia mais velho e mais endividado.
> São Pedro, não me ligue, pois não posso ir.
> Devo minha alma à loja da empresa.

Havia muita verdade nessa letra. Dezesseis toneladas era a quantidade que o mineiro de carvão carregava com uma pá de mão, e em troca desse serviço não ganhava dinheiro – ficava ainda mais endividado com a loja da empresa.

Como o minerador, muitos indivíduos hoje nunca aprendem – ou aprendem tarde demais – como gerenciar suas finanças. Na maioria dos casos, a razão pela qual os indivíduos permanecem na pobreza não são os baixos salários, mas sim como eles gerenciam sua renda. Muitas vezes, maus hábitos de gestão de dinheiro são aprendidos com os outros ou desenvolvidos por falta de intencionalidade; no entanto, independentemente disso, as consequências são terríveis. Quanto mais você se endivida, mais uma "vida melhor" fica fora de alcance, até que um dia o sonho da liberdade financeira se perde para a realidade de viver com o salário do mês esperando o próximo pagamento. Felizmente, há outra maneira de viver e gerenciar o dinheiro, explorada neste capítulo e recomendada ao longo do livro, que permitirá que você saia da dívida e construa riqueza.

# DÍVIDA É UMA PRISÃO MENTAL

Até meados de 1800 na América e na Inglaterra, a prática legal comum para lidar com pessoas que não pagavam suas dívidas era colocá-las na prisão de devedores, algo que começou no século 13. Uma vez presos por não pagarem suas dívidas, os devedores eram tratados de maneira pior do que os criminosos comuns em muitos aspectos. Por exemplo, os devedores eram forçados a prover sua própria comida e roupas, enquanto os criminosos não se defrontavam com tais exigências. Embora a maioria dos indivíduos permanecesse na prisão por um curto período, alguns ficavam lá por anos.

Em 1824, quando o romancista Charles Dickens tinha apenas doze anos, o seu pai foi aprisionado por dívidas e ficou preso na Marshalsea, uma prisão para devedores em Londres, onde toda a sua família foi forçada a viver também (como era comum). Dickens foi tão profundamente afetado por essa experiência que muitas vezes incorporou cenas de prisões para devedores em sua ficção, mais reconhecidamente em *A pequena Dorrit*, em que os devedores encarcerados estão tão presos à mentalidade da dívida que continuam a gastar dinheiro que não possuem na taverna da prisão, levando o narrador a comentar: "Ficou evidente, pelo tom geral de todo o grupo, que eles passaram a considerar a insolvência como o estado normal da humanidade, e o pagamento de dívidas, como uma doença que ocasionalmente eclodiu". Durante séculos, dívidas arrastaram gerações inteiras, fazendo-as considerar o endividamento normal e natural, e não a condição debilitante que é.

As prisões para devedores foram proibidas pela lei federal nos Estados Unidos em 1833, embora alguns estados tenham continuado a encarcerar devedores por vários anos após o fato, enquanto a Grã-Bretanha aboliu as prisões de devedores em 1869. Atualmente, alguns lugares – incluindo Dubai e Hong Kong – ainda continuam aprisionando as pessoas por não pagarem suas dívidas. No entanto, mesmo que os devedores na maioria dos países não se encontrem presos em uma prisão física por sua insolvência, acabam experimentando uma prisão mental que limita suas escolhas na vida.

A dívida é uma forma legal de escravidão, como Ambrose Bierce retrata no *Dicionário do Diabo* quando define a dívida como "uma substituta engenhosa para as correntes e para o chicote do traficante de escravos". Hill compartilha uma perspectiva semelhante quando escreve:

> Nenhum homem pode fazer o seu melhor trabalho, nenhum homem pode expressar-se em termos que imponham respeito, nenhum homem pode criar ou executar um propósito definido na vida, com uma grande dívida pairando sobre sua cabeça. O homem preso à escravidão da dívida é tão indefeso quanto o escravo preso por correntes de verdade.

> Um homem preso à escravidão da dívida não tem tempo ou inclinação para criar ou trabalhar ideais. Como resultado, ele é levado correnteza abaixo com o tempo até que finalmente começa a estabelecer limitações em sua própria mente, por isso cerca-se atrás das paredes da prisão do MEDO e da dúvida da qual ele nunca escapa.
>
> "
>
> – Napoleon Hill

A dívida engana sua mente para que você não possa perseguir seu desejo primário com direção e propósito, e isso limita a cooperação que você pode obter de outros a serviço de seu objetivo principal. Portanto, é crucial que você faça um plano para pagar todas as dívidas não hipotecárias – dívidas de cartão de crédito, contas médicas, impostos antigos e empréstimos (estudantis, pessoais, sobre garantia hipotecária e sobre o carro) – se você quiser progredir em sua jornada de sucesso.

## COMO SAIR DA DÍVIDA

Elmer e Suzy tinham uma renda combinada de menos de US$ 30 mil. Olhando para a vida deles, podemos discernir por que estavam presos vivendo abaixo da linha da pobreza. Nenhum deles tinha ensino médio completo ou formação profissional. Elmer trabalhava com construção, e uma senhora idosa lhe dava alguns serviços à parte para ajudar, mas ele nunca foi capaz de sair da pobreza. Algo que essa senhora garantia para Elmer era fazer alguns trabalhos de jardinagem durante o verão depois de seu expediente regular. Suzy levava Elmer até a residência e esperava no carro por três horas enquanto ele trabalhava. A carteira de motorista de Elmer foi suspensa porque ele não pagou pensão alimentícia. O carro que Suzy dirigia era um Lincoln grande e velho que eles tinham comprado porque os lembrava do personagem de Matthew McConaughey no filme *The Lincoln Lawyer*, baseado no romance homônimo de Michael Connelly de 2005. Com seu nível de renda, o carro foi uma decisão financeira ruim que os atolou ainda mais em dívidas.

Elmer não apareceu para completar seu trabalho de meio período um dia e, em vez de explicar a situação, evitou ligações de seu empregador. Ele e Suzy tinham celulares, embora alegassem não serem capazes de pagar os custos do Lincoln. Por terem impostos vencidos, receberam uma multa e estavam preocupados em arriscar a viagem para o trabalho novamente. Contudo, se tivessem tomado decisões financeiras melhores, poderiam ter resolvido esse problema facilmente. O apartamento ficava a apenas 1,5 quilômetro da residência do empregador de Elmer, e teria sido necessária apenas uma noite de trabalho de meio período para pagar o licenciamento do Lincoln.

Outras decisões financeiras ruins incluíam o uso de um agiota, de quem Elmer não conseguia mais obter dinheiro. Ele e Suzy estavam no limite de US$ 300 e estavam endividados há anos. Uma grande parte de cada salário ia para pagar esse empréstimo, então, antes de Elmer ser pago, estava sempre procurando pegar outro empréstimo. O casal pagava juros à taxa anual de 360% até 2009, quando foi reduzida para cerca de 290% ao ano.

Como ocorre com muitas pessoas, os problemas financeiros de Elmer e Suzy estavam ligados ao comportamento. Uma vez que eles tivessem decidido mudar sua condição financeira a tal ponto que isso se tornasse um desejo intenso, deveriam ter seguido estes passos.

Em primeiro lugar, Elmer deveria ter feito uma lista das pessoas para quem tinha realizado trabalhos diferentes. Como ele trabalhava na construção civil e muitas vezes tinha um dia ou dois de folga por semana, poderia ter buscado um trabalho de meio período para tarefas que era capaz de fazer.

Em seguida, Elmer precisava se livrar de seu empréstimo de uma vez por todas. Trabalhando o suficiente em empregos de meio período – o que atualmente poderia ser chamado de "atividades complementares" –, ele poderia pagar o empréstimo e abandonar o hábito de gastar mais do que estava ganhando. Ele poderia ter trocado o Lincoln, que estava drenando seu dinheiro, por uma picape usada que teria sido útil em seu trabalho de construção. Com isso, poderia ter continuado a desenvolver o seu negócio, assumindo tarefas como transportar itens e aparar arbustos.

Por fim, em vez de tomar empréstimos de salários futuros, Elmer deveria ter buscado depositar dinheiro de seu salário atual em uma conta poupança. Elmer e Suzy nunca foram a um banco, exceto para descontar o cheque do salário de Elmer na sexta-feira, e o dinheiro então acabava rápido. Eles precisavam pagar a si mesmos primeiro ao economizar pelo menos 10% do salário nessa conta poupança, acumulando um fundo de emergência equivalente a pelo menos três meses de salário.

Uma vez que Elmer e Suzy tivessem guardado dinheiro para uma necessidade futura, poderiam ter começado a investir dinheiro em ferramentas que teriam permitido a Elmer expandir o repertório de trabalhos que poderia realizar – coisas como uma motosserra, um carrinho de mão e outras ferramentas manuais básicas. Isso teria aumentado a capacidade de ganho dele e melhorado a situação dele e a de Suzy.

> ## O homem que deseja prosperar deve ter uma moeda para tilintar em sua bolsa.
>
> – George S. Clason

Se você tem dívidas de cartão de crédito ou empréstimos pessoais, é importante que abandone o hábito de comprar no crédito. A dívida é duplamente debilitante para sua capacidade de construção de riqueza, porque você não só está pagando juros sobre o que deve, mas também está reduzindo o valor que pode economizar no presente. Você nunca será capaz de avançar se estiver gastando o salário deste mês nas compras do mês passado – ou até mesmo do ano passado. Além disso, a dívida sustenta a mentalidade de pobreza que o impedirá de pensar em termos de riquezas. Quando você paga suas dívidas, adquire uma liberdade de espírito que lhe permite atrair riqueza e oportunidade. Isso simplesmente não é possível se você estiver preso em um ciclo de pagamento de dívidas.

Comprometa-se hoje a abandonar o hábito de comprar no crédito. Substitua esse hábito destrutivo pelo hábito construtivo de elaborar orçamento. Como Hill diz: "Apenas descontinuar um hábito indesejável não é suficiente, pois tais hábitos tendem a reaparecer a menos que o lugar que antes ocupavam na mente esteja preenchido por algum outro hábito de natureza diferente". Crie um orçamento que dê um propósito a cada centavo de seus ganhos e certifique-se de pagar a si mesmo primeiro. Como discutiremos no capítulo sobre poupança, é importante reservar pelo menos 10% de sua renda para a poupança antes de gastar dinheiro com as outras despesas. Revise seus hábitos de gastos em meses anteriores e crie uma lista de suas despesas. Aloque os valores que você espera gastar em todas as categorias necessárias, mas certifique-se de examinar suas compras discricionárias. Você realmente precisa desses itens não essenciais ou vai obter mais prazer a longo prazo ao colocar o dinheiro na poupança e em investimentos?

Assim que você parar de usar o crédito para complementar seu estilo de vida e começar a trabalhar com pagamento à vista, você também precisará criar um plano para pagar suas dívidas de forma eficiente para não ficar preso em um ciclo de pagamento de mais juros do que o principal. Na parábola das tábuas de argila em *O homem mais rico da Babilônia*, um professor que está traduzindo a sabedoria financeira atemporal dos antigos babilônios aplica ele mesmo os princípios, incluindo dedicar 20% da renda mensal para pagar dívidas. Ele logo descobre o poder de colocar no orçamento um valor fixo para o pagamento de dívidas, à medida que faz progressos substanciais para livrar-se da dívida que vem pesando sobre ele e sua família. Essa mudança gera mais hábitos positivos: ele e sua esposa se tornam mais conscientes de como estão gastando seu dinheiro e encontram alternativas mais baratas para muitas de suas despesas recorrentes. Então, quando se veem livres de dívidas, planejam usar os 20% que tinham alocado para o pagamento da dívida para aumentar suas economias, em vez de sucumbir à tentação de elevar o padrão de vida e entrar novamente no ciclo da dívida. Eles se surpreendem ao descobrir o que podem realizar com o mesmo salário: "Nós nos damos bem, financeiramente, até melhor do que antes. Quem acreditaria que poderia haver tanta diferença nos resultados entre seguir um plano financeiro e apenas seguir sem destino". Com um plano concreto, você pode estar no controle de suas finanças e garantir que elas estejam sendo gerenciadas sabiamente, em vez de se dissipar inconscientemente antes do final do mês.

> **Se você comprar coisas de que não precisa, logo terá que vender coisas de que precisa.**
>
> – Warren Buffett

Se você descobrir que sua renda atual não lhe permite pagar suas dívidas rápido o suficiente, deve identificar maneiras de complementar seus ganhos. Como você pode usar recursos à sua disposição, como seu tempo, qualquer habilidade e acesso a coisas como um carro, para trazer uma renda extra? Durante a pandemia de covid-19, muitos indivíduos recorreram a serviços como entrega de comida para complementar seus salários existentes ou substituir a renda perdida. Aqueles que assumiram essas "atividades complementares" muitas vezes descobriram que não só eram mais capazes de atender às suas despesas básicas de vida, mas também eram capazes de pagar sua dívida de uma forma mais rápida – tudo porque decidiram usar recursos já em sua posse para criar riqueza.

## O QUE VOCÊ VALORIZA?

Quem quiser construir riqueza deve ser capaz de avaliar adequadamente o valor das compras. O valor, é claro, é relativo: uma pessoa pode estar mais inclinada a gastar dinheiro jantando fora e com entretenimento, enquanto outra pode preferir comprar bens materiais. Algumas pessoas gostam de comprar uma quantidade maior de itens mais baratos, enquanto outras preferem menos compras, mas produtos de maior qualidade. Porém, mesmo os indivíduos mais ricos do mundo não podem comprar tudo o que lhes está disponível: eles precisam distinguir entre desejos e necessidades e se assegurar de que têm os fundos discricionários suficientes para cobrir os desejos sem que isso afete sua capacidade de economizar. Na verdade, muitas vezes os indivíduos mais ricos são os que vivem de forma bem modesta. De acordo com Robert Kiyosaki, autor de *Pai rico, pai pobre*: "Os ricos compram itens de luxo por último, enquanto os pobres e a classe média tendem a comprar itens de luxo primeiro". É comum ver indivíduos ricos adquirindo carros usados em dinheiro, enquanto indivíduos de classe média compram carros novos com um empréstimo de cinco anos que os impede de colocar dinheiro suficiente em poupança a cada mês. De acordo com um documentário da BBC, o próprio Warren Buffett compra carros a preços reduzidos – muitas vezes aqueles com danos causados pelo granizo. Indivíduos verdadeiramente ricos normalmente não sentem a necessidade de gastar dinheiro para impressionar as pessoas. Eles sabem o valor de viver com simplicidade, economizando diligentemente e doando de maneira generosa.

Ademais, você não precisa ser um milionário para ser rico; o valor necessário para se tornar financeiramente independente depende do estilo de vida de um indivíduo, como ilustra a história de Tim. A Fundação Napoleon Hill está localizada no *campus* da Universidade da Virgínia-Wise, e nas proximidades temos unidades de armazenamento climatizadas para nosso arquivo de gravações de áudio e livros. Quando o material é transportado dessas unidades e até elas, usamos uma grande empresa de caminhões. Tim, um dos principais motoristas de carga, ficou sabendo o tipo de livros que estava transportando. Um dia, Tim me contou sobre suas finanças: "Quando consegui um emprego, paguei meu primeiro carro e o dirigi por um tempo, pensei que precisava de um carro novo. Meu pai me avisou para não deixar uma namorada ou outra pessoa influenciar minha decisão de compra. Ele me disse para descobrir quanto o carro vai custar, a quantidade de juros, o pagamento mensal e por quantos meses. Em seguida, eu precisaria pegar meu salário e descobrir quantos dias por mês trabalharia para pagar o carro novo. Ele disse que talvez eu decidisse que não preciso do carro – eu apenas o quero. Na vida, ele disse, você não pode deixar seus desejos o privarem do que é melhor".

Ainda que o pai de Tim tivesse apenas o ensino fundamental, ele tinha a sabedoria que muitos graduados na faculdade não têm. Ele também encorajou Tim a guardar dinheiro para uma necessidade futura, porque todos experimentam crises. Tim tem o mesmo emprego há 22 anos, casa e automóvel quitados, e ele não tem nenhuma dívida de cartão de crédito ou de outros tipos. Tim disse que se lembrou do que seu pai aconselhou e sempre economizou 15% de seus ganhos.

Aprenda isto com Tim: "Se você aprender a diferença entre desejos e necessidades, não terá problemas financeiros na vida". O conselho de Warren Buffett também é relevante: "Se você se permitir ser indisciplinado nas pequenas coisas, provavelmente será indisciplinado nas grandes coisas também".

Quando você estiver pensando em fazer uma compra – e não quero dizer um pequeno item, como uma garrafa de água, mas algo que afete suas finanças –, faça a si mesmo as seguintes perguntas:

1. É algo que eu quero ou algo de que eu preciso?
2. Posso pagar por essa compra em dinheiro?
3. Essa compra terá um impacto negativo nas minhas finanças?
4. Estou considerando fazer essa compra porque fui influenciado por outros, como os profissionais de *marketing*, que não necessariamente têm meu melhor interesse em mente?
5. Qual será o custo total dessa compra? (Considere todos os custos envolvidos: custo monetário direto, quaisquer custos monetários secundários, custo emocional, custo espiritual etc.)
6. Quantas horas de trabalho serão necessárias para pagar a compra?

Se continuar comprando coisas de que não precisa, a menos que você esteja financeiramente seguro, nunca chegará a esse lugar conhecido como a "vida boa".

Um dos maiores erros que os consumidores cometem é a compra por impulso. Certamente você já notou que, quando passa pela fila do caixa em um supermercado, de ambos os lados há pequenos itens disponíveis, conhecidos como itens de impulso. Esses são os que você pode adicionar prontamente às suas compras mas provavelmente não estavam em sua lista nem são produtos necessários. Você pode facilmente aumentar sua conta total sem sequer pensar sobre isso ou perceber o que aconteceu, apenas pegando esses itens e lançando-os na esteira do caixa.

> Há duas maneiras de ser feliz: podemos diminuir nossos desejos ou aumentar nossos meios. Com ambos o resultado será o mesmo. E cabe a cada homem decidir por si mesmo e fazer o que for o mais fácil. Se você estiver sem trabalho, doente ou pobre, por mais difícil que possa ser diminuir seus desejos, será mais difícil aumentar seus meios. Se você estiver ativo e próspero, jovem ou com boa saúde, pode ser mais fácil aumentar seus meios do que diminuir seus desejos. Mas se você for sábio, fará ambos ao mesmo tempo, jovem ou velho, rico ou pobre, doente ou saudável. E se for muito sábio, fará ambos de tal forma que aumentará a felicidade geral da sociedade.

– Benjamin Franklin

Se você não for capaz de economizar parte de seus ganhos, não alcançará a segurança financeira. Se você gastar e consumir toda a sua renda, não alcançará a segurança financeira. Compras que são desejos não são a mesma coisa que as que são necessidades. As compras que são desejos devem ser adiadas pelo menos até que você tenha algum grau de segurança, o que significa essencialmente um fundo de emergência que possa cobrir pelo menos de três a seis meses de suas despesas básicas de vida.

## VOCÊ QUER SOBREVIVER OU VIVER?

A capacidade de atrasar a satisfação foi tema de um famoso experimento conduzido por Walter Mischel em 1972 na Universidade de Stanford. As crianças participantes do estudo receberam, cada uma, um *marshmallow* e foram informadas de que, se resistissem a comer os *marshmallows*, receberiam dois *marshmallows* em vez de um. Os cientistas mediram a quantidade de tempo que cada criança resistia à tentação de comer o *marshmallow* e, por fim, foram capazes de mostrar que um atraso mais longo estava correlacionado com um maior sucesso futuro. Eles determinaram que a capacidade de retardar a satisfação sinalizava um maior autocontrole, que é um requisito central para o sucesso.

Embora esse teste tenha sido realizado entre crianças, poderia ser facilmente aplicado a adultos. Se você não consegue adiar o gasto de dinheiro com desejos até ter algum grau de segurança financeira, então talvez possa esperar sobreviver, mas sobreviver e viver são dois meios diferentes de existir. A boa notícia é que sobreviver ou viver depende inteiramente de você.

Em uma das parábolas de *O homem mais rico da Babilônia*, um comerciante relata um conto que ilustra a importância de não desperdiçar dinheiro em desejos antes de estabelecer a segurança financeira. Ao ser apresentado a uma oportunidade de investimento rentável quando jovem, o comerciante recusa, argumentando que "havia lindas novas vestes trazidas pelos comerciantes do Oriente, vestes de tamanha riqueza e beleza que minha boa esposa e eu sentimos que cada um de nós devemos possuir uma. Caso eu concorde em pagar um décimo dos meus ganhos para a empreitada, temos de nos privar desses e de outros prazeres que desejamos". Como ele valorizava prazeres fugazes em vez da segurança financeira, o comerciante perdeu essa oportunidade de construir sua propriedade e alcançar a liberdade financeira. Se ele tivesse apenas postergado a sua compra de roupas caras até ter acumulado suas economias, teria sido capaz de desfrutar ainda mais dos bens do mundo mais tarde na vida. Quando você troca o prazer momentâneo de uma compra de curto prazo pela satisfação da segurança financeira de longo prazo, você conhece a paz de espírito que vem da independência econômica.

> **Nada que o dinheiro possa comprar é mais importante do que sua liberdade financeira.**

As escolhas que você faz com seu dinheiro depois de ter atendido às suas necessidades básicas de vida determinarão o grau de crescimento de seu futuro patrimônio líquido. Em última análise, é importante lembrar que nada que o dinheiro pode comprar é mais importante do que sua liberdade financeira.

## REVISÃO PARA RIQUEZAS

- ✧ Dívida é uma prisão mental que restringe seus pensamentos, suas ideias, suas oportunidades, seu potencial de colaboração e seu crescimento econômico.
- ✧ Abandone o hábito de comprar no crédito e passe a trabalhar apenas com pagamento à vista.
- ✧ Substitua o hábito destrutivo de gastar com crédito pelo hábito construtivo de elaborar um orçamento. Dedique os primeiros 10% de sua renda à poupança pessoal e o máximo que puder – *O homem mais rico da Babilônia* recomenda 20% – para pagamento de dívida.
- ✧ Identifique oportunidades para aumentar sua renda e pagar sua dívida a um ritmo mais rápido. Considere quais recursos e habilidades estão disponíveis para você e crie um plano para transformá-los em uma ou mais atividades paralelas.
- ✧ Examine suas compras para determinar quais estão lhe trazendo um valor verdadeiro. Diferencie necessidades reais e desejos e pratique a postergação da satisfação dos desejos até que você tenha alcançado a segurança financeira.
- ✧ Indivíduos verdadeiramente ricos não sentem a necessidade de gastar dinheiro para impressionar as pessoas. Eles sabem o valor de viver com simplicidade, economizando diligentemente e doando de maneira generosa.
- ✧ Autocontrole é um requisito central para o sucesso. Ao considerar compras não essenciais, lembre-se de que nada que o

dinheiro pode comprar é mais importante do que sua liberdade financeira.

## O SEU GRANDE PLANO MILIONÁRIO

✧ Escreva uma lista de qualquer dívida não hipotecária que você tenha atualmente. Inclua dívidas de cartão de crédito, empréstimos (pessoal, veículo, educação, garantia hipotecária, familiar e qualquer outra), contas médicas passadas, impostos pendentes e qualquer outro dinheiro que você deva.

_____

_____

_____

_____

_____

_____

✧ Crie um orçamento dando um propósito a cada centavo do seu salário. Pague-se primeiro: aloque pelo menos 10% para poupança pessoal (não mais do que isso se você tiver dívidas não parceladas) ou investimentos se você já construiu um fundo de emergência que poderia cobrir de três a seis meses de suas despesas básicas de vida. (Note que esses 10% são adicionados a qualquer poupança de aposentadoria que saia automaticamente do seu salário). Em seguida, determine quanto você pode alocar para o pagamento da dívida todos os meses, e faça disso o segundo tópico do seu orçamento. Então, com os fundos restantes, gaste seu dinheiro apenas em compras que realmente valham a pena.

**Renda Mensal:** _____

**Economias/investimentos:** _____

**Pagamento de dívidas:** _____

**Doações/dízimo:** _____

Hipoteca: _____

Taxa de condomínio: _____

Seguro (carro, casa, vida etc.): _____

IPTU: _____

Manutenções da casa: _____

Telefone: _____

Eletricidade/gás: _____

Água/esgoto: _____

Lixo: _____

Pagamento do carro: _____

Combustível: _____

Taxas de registro/licenciamento: _____

Mantimentos: _____

Restaurantes: _____

Contas médicas/receitas: _____

Entretenimento: _____

Cuidados pessoais (cabelo etc.): _____

Roupas: _____

Exercícios/bem-estar: _____

Presentes: _____

Creche: _____

Diversos: _____

❖ Como você distingue um "desejo" de uma "necessidade"? Que coisas (monetárias e não monetárias) agregam valor à sua vida?

· Desejos:

_____

_____

_____

_____

_____

· Necessidades:

_____

_____

_____

_____

_____

❖ Reflita sobre seus gastos nos últimos meses. Quanto dinheiro você está gastando em desejos e em necessidades? Como você pode alterar essa relação daqui para a frente a fim de refletir melhor o valor destinado à segurança financeira?

_____

_____

_____

_____

_____

✧ Repita esta afirmação para si mesmo toda vez que você estiver pensando em fazer uma compra:

*Eu tenho autocontrole. Eu sei o que realmente importa para mim na vida. Não preciso impressionar ninguém com minhas compras. Segurança financeira e a capacidade de dar generosamente são os caminhos mais elevados para os quais meu dinheiro pode ser direcionado.*

> **"**
>
> Há alegria no trabalho. Não há felicidade, exceto na percepção de que realizamos algo.
>
> **"**
>
> – Henry Ford

CAPÍTULO 4

# TRABALHO: AUMENTE SUA RENDA

Construir riquezas envolve mais do que apenas ser disciplinado com suas finanças; exige que você gere renda suficiente para pagar todas as suas necessidades, alguns dos seus desejos, e sobrar o suficiente para economizar e investir. É raro encontrar atalhos para riquezas estáveis. Esquemas rápidos que prometem grandes e rápidos retornos em investimentos mínimos de tempo e dinheiro quase sempre terminam em perdas financeiras. Além disso, o National Endowment for Financial Education relata que "cerca de 70% dos indivíduos que ganham na loteria ou recebem um grande lucro vão à falência dentro de alguns anos". Como a maior parte da riqueza de longo prazo é construída por meio de poupanças e investimentos consistentes, é essencial que você encontre um trabalho significativo que lhe traga renda suficiente para ajudá-lo a alcançar o seu objetivo principal definido.

# ENCONTRE O TRABALHO DE SUA VIDA

Por que tantos indivíduos trabalham, mas não são bem-sucedidos? A primeira razão é o fato de a grande maioria da população não pensar muito sobre sua trajetória profissional. Eles aceitam o primeiro emprego que lhes é oferecido depois de sair da escola e nunca questionam se está adequado. E eles ainda se perguntam por que são tão infelizes! Ouça o que Napoleon Hill diz sobre esse fenômeno: "Você já parou para pensar que a maioria das pessoas termina a escola e consegue um emprego ou entra em um negócio ou profissão sem a menor concepção de qualquer coisa que se assemelha remotamente a um propósito definido ou um plano definido? Tendo em vista que a ciência forneceu formas e meios razoavelmente precisos de analisar o caráter e determinar o trabalho da vida de alguém, para o qual as pessoas são mais bem adaptadas, não parece ser uma tragédia moderna o fato de que 95% da população adulta do mundo seja composta por homens e mulheres fracassados porque não encontraram seus nichos adequados no mercado de trabalho mundial?".

Hill compartilha a história de um homem que vende amendoins em uma esquina o dia todo – não porque ele gosta (não há nada de errado em vender amendoins se isso serve aos seus objetivos), mas porque nunca teve tempo para identificar um propósito definido que lhe traria maiores retornos para seu trabalho. De acordo com Hill: "Ele está vendendo amendoins porque está sem rumo no mar da vida, e uma das tragédias desse trabalho é o fato de que a mesma quantidade de esforço que ele coloca nisso, se direcionada para outro sentido, traria retornos muito maiores".

> ## Todos os que são bem-sucedidos trabalham com algum objetivo excepcional definido como o objeto de seus trabalhos.
>
> – Napoleon Hill

Com tantas opções disponíveis para se descobrir o tipo de trabalho mais adequado para um indivíduo – CliftonStrengths, a Avaliação Motivacional de Potencial Pessoal, MAPP (*Motivational Appraisal Personal Potential*), a avaliação DISC, o Indicador Myers-Briggs Type, para citar apenas alguns –, não há desculpa para não saber para que tipo de trabalho você tem uma aptidão natural *e* que tipo de trabalho você estará motivado a realizar. Hill aconselha que o trabalho para o qual você é mais adequado é algo de que você vai desfrutar completamente – "pois é um fato bem conhecido que um homem geralmente tem mais sucesso na linha particular de empreendimento em que ele pode se jogar de coração e alma".

Em *My Own Story*, o *self-made* milionário e conselheiro presidencial Bernard Baruch argumenta que muitas pessoas estão na pobreza em todo o mundo porque não entendem a finalidade do lucro, que é a chave para a liberdade individual. Ele identifica três incentivos gerais para o trabalho: o amor pelo trabalho ou o desejo de ser útil aos outros, o desejo de lucros e ganhos, e ser forçado a trabalhar por alguma autoridade externa. Em relação ao último incentivo, o esforço obrigatório não é uma receita para motivação contínua. A melhor motivação é identificar um propósito de condução para o trabalho, bem como uma carreira que você ama – seja porque ama o trabalho em si, seja porque ama o propósito que ele lhe dá (por exemplo, se você está ajudando os outros por meio do seu trabalho).

O foco aqui é determinar, desde cedo, o trabalho de sua vida – a sua vocação ou o seu chamado. Em seguida, dedicar-se totalmente a ele. Essa vocação deve ser ou seu propósito principal definido na vida ou algo que o apoie diretamente. Como Hill escreve: "Há uma coisa que você pode fazer melhor do que qualquer outra pessoa no mundo. Pesquise até descobrir qual é essa linha de atuação em especial, faça dela o objeto de seu objetivo principal definido e, em seguida, organize todas as suas forças e se dedique a ela com a crença de que você irá vencer".

Ao determinar qual deve ser a sua vocação na vida, reconheça que existem dois meios honestos de adquirir riqueza: você pode fornecer um serviço ou produto que alguém esteja disposto a receber ou adquirir em troca de riqueza. Pare e pondere um pouco sobre os pensamentos criativos que literalmente têm mudado o mundo: a lâmpada de Thomas Edison, o telefone de Alexander Graham Bell, e, mais recentemente, Steve Jobs, Bill Gates, Elon Musk e outros no campo da tecnologia que facilitaram vidas em todo o mundo.

A indústria de serviços não é exceção. Pense, por exemplo, na história de Fred Smith e da Federal Express. A ideia de Smith era pegar pacotes, levá-los para um local central, classificá-los e entregá-los em um dia. Ele apresentou essa ideia em um trabalho universitário, mas o professor não ficou impressionado. Hoje, a FedEx é uma empresa bilionária conhecida em todo o mundo. Ray Kroc viu uma oportunidade de crescimento na indústria alimentícia e comprou um pequeno restaurante de *fast food*. Sob sua liderança, aquele pequeno restaurante rapidamente se tornou uma cadeia mundial de *fast food* conhecida como McDonald's.

Alguns indivíduos criam produtos que nunca existiram e os transformam em negócios bilionários, enquanto outros pegam um negócio existente e o melhoram e o expandem. Qualquer método requer ideias, trabalho duro, dedicação e persistência para produzir os máximos resultados. A pergunta que você deve se fazer é: "O que as pessoas querem, e como posso fornecer isso por meio de um produto melhor, um preço melhor ou um serviço melhor e de uma maneira que incentivará a recorrência dos negócios?". Uma vez que você descubra o que as pessoas querem ou precisam, deve determinar como você pode prover esse desejo ou essa necessidade para o consumidor.

Depois de resolver a logística de atender à necessidade, você deve satisfazer a demanda do cliente por um ou uma combinação de vários meios. Um preço melhor muitas vezes motivará o comprador, mas a maior qualidade também pode ser atraente. O serviço confiável não deve ser negligenciado. A capacidade de comercializar seu produto ou serviço fará com que mais clientes em potencial levem em consideração o produto ou serviço que você estiver vendendo.

Quer você entre no negócio por si mesmo ou realize um serviço para uma organização, aproveite o poder de sua imaginação para identificar um caminho claro para alcançar seu objetivo principal definido. Hill nos encoraja quando escreve: "Uma ideia sólida é tudo de que alguém precisa para alcançar o sucesso". Não é preciso acesso a vastos recursos para adquirir riquezas, também não há um limite para a quantidade de riquezas que você pode criar para si mesmo. Muitas vezes, as pessoas têm a ideia errada de que, como alguns têm riqueza, outros têm menos riqueza; portanto, os ricos tomaram dinheiro que deveria ter sido dos mais pobres. Esse é um pensamento destrutivo passado de geração em geração e completamente falso. O que você deseja pode ser criado.

> ## A imaginação é o início da criação. Você imagina o que deseja, faz o que imagina e, finalmente, cria o que quer.
>
> – Bernard Shaw

Quando me tornei presidente de um banco que agora faz parte de uma grande empresa de *holding*, a indústria de poupança e empréstimo iam muito mal. Na época, o governo federal dos EUA estava fechando centenas de bancos. A inflação estava desenfreada, com taxas de juros para depósitos em torno de 20% e hipotecas de taxa fixa em 9%. O banco tinha perdido milhões de dólares e estava prestes a fechar. Mas no primeiro ano em que fui presidente e CEO, o banco teve lucro de US$ 90 mil e depois ganhou milhões ao longo dos dezoito anos em que eu ocupei esse cargo.

Os funcionários não recebiam um aumento salarial havia vários anos porque o banco não estava ganhando dinheiro. Propus a um dos administradores e o maior acionista que déssemos um aumento muito robusto para os funcionários, e sua resposta foi: "Sim, estamos ganhando um bom dinheiro agora, mas perdemos muito dinheiro e estamos limitados". Eu respondi: "Vamos continuar a expandir os limites". É desnecessário dizer que os empregados tiveram seu aumento, e em dezoito anos eu nunca pedi um aumento para mim, carros novos, bônus, cotas de clubes de campo ou outras vantagens, porque expandir os limites era meu objetivo principal. Como essa história demonstra, não há limites para a quantidade de riqueza que pode ser criada. Basta ter imaginação, desejo e ação.

## TOME A INICIATIVA

Depois de identificar qual é a sua vocação na vida, você deve trabalhar para adquirir – ou criar – um cargo que lhe permita atuar nela. Não continue em um caminho que não leve ao seu objetivo principal definido, pressupondo erroneamente que uma oportunidade de mudança brusca irá surgir para você em algum momento. Os indivíduos modernos são afetados pela procrastinação, mas todos os milionários cultivam sua iniciativa pessoal a fim de poderem tomar medidas rapidamente e mudar de ideia lentamente.

O hábito de ter iniciativa pessoal pode ser desenvolvido trabalhando com a definição de propósito. Como Hill explica: "O hábito de trabalhar com um objetivo principal definido irá reproduzir em você o hábito de decidir rápido, e esse hábito irá auxiliá-lo em tudo o que você fizer".

> A conquista do sucesso já está metade obtida quando se ganha o hábito de trabalhar.
>
> – Sarah A. Bolton

Elsie, que morreu há algum tempo, aos noventa anos, nasceu em 1921. Ela tinha dezesseis irmãos, e sua mãe morreu quando ela tinha apenas sete anos. O pai de Elsie nunca se casou novamente após a morte de sua esposa e continuou vivendo na antiga casa de madeira em uma região muito remota e montanhosa do sudoeste da Virgínia, onde todos os seus filhos haviam nascido. Alguns dos irmãos e irmãs mais velhos de Elsie ajudaram a cuidar da família. Sem o amor e o conselho de uma mãe, Elsie poderia facilmente ter levado uma vida de pobreza.

Obteve a educação máxima disponível para ela na escola – sétima série. Antes dos catorze anos, estava para se casar com um jovem de dezoito anos que também tinha estudado até a sétima série. O marido de Elsie era um mineiro de carvão subterrâneo que ganhava apenas alguns dólares por dia. Sem assistência familiar ou pública, ela começou a ter filhos pouco antes dos dezesseis anos. Aos 27, teve seu quinto filho. Que qualidades Elsie e seu marido possuíam que lhes permitiram criar cinco filhos bem-sucedidos que se tornaram bons cidadãos e foram capazes de fazer muitos trabalhos positivos para sua comunidade e até mesmo para países estrangeiros?

Elsie entendeu o valor da autodisciplina. Ela sempre gostou de dizer que se "você aprender a disciplinar a si mesmo, então os outros não precisarão fazê-lo". Elsie cuidou de sua casa, seu quintal, seu jardim e suas flores até os oitenta anos e era muito exigente sobre quando e como a manutenção era realizada. Um dia ela perguntou a um neto a que horas ele iria cortar a grama dela, e ele respondeu: "Vovó, eu estarei aí às dez da manhã". Às 10h15, o neto recebeu um telefonema: "Pensei que você tinha dito que estaria aqui às dez horas". Elsie era incrivelmente disciplinada e cuidava de suas contas e tarefas muito rapidamente. Ela sempre chegava à igreja, ao clube de costura, à pousada ou aonde quer que estivesse indo na hora certa – e geralmente cedo.

Elsie era uma pessoa confiante e com uma fé forte que a ajudou a levar uma vida bem-sucedida, contribuindo para fazer do mundo em que vivia um lugar melhor, e ela deixou um legado que ensina os princípios segundo os quais viveu. Quando Elsie morreu, a sua casa estava paga, o seu carro estava pago, e ela não tinha dívidas. Apesar de ser viúva desde os setenta anos, ela também tinha um patrimônio líquido de várias centenas de milhares de dólares. Além disso, doava fielmente a sua igreja e a várias outras instituições de caridade mensalmente. Se você questiona por que eu sei detalhes tão íntimos da vida de Elsie, é porque ela era minha amada mãe.

É preciso autodisciplina para ter liberdade financeira. Você precisa adquirir o hábito do trabalho e demonstrar iniciativa pessoal para seguir em frente na vida. Não há benefício em procrastinar ou realizar trabalhos medíocres. "As ideias são os pontos iniciais de todas as fortunas", escreve Hill, mas é preciso agir para mantê-las vivas. A seguir, a fórmula de Hill para se tornar uma pessoa com iniciativa e liderança.

## Fórmula de Napoleon Hill para se tornar uma pessoa de iniciativa e liderança

*Tendo escolhido um objetivo definido como meu trabalho de vida, agora entendo que o meu dever é transformar esse propósito em realidade.*

*Portanto, eu vou formar o hábito de tomar alguma ação definitiva a cada dia, o que me deixará um passo mais perto da realização do meu objetivo principal definido.*

*Eu sei que a procrastinação é um inimigo mortal de todos que se tornariam líderes em qualquer empreendimento, e vou eliminar esse hábito da minha constituição moral da seguinte forma:*

*a. Fazendo uma coisa definida a cada dia, que deve ser feita, sem que ninguém me diga para fazê-la.*

*b. Olhando ao redor até encontrar pelo menos uma coisa que eu possa fazer todos os dias, que eu não tenho o hábito de fazer e que será de valor para os outros, sem expectativa de pagamento.*

*c. Dizendo a pelo menos uma pessoa, a cada dia, o valor de praticar esse hábito de fazer algo que deve ser feito sem que ninguém mande.*

*Posso ver que os músculos do corpo se tornam fortes à medida que são usados; portanto, entendo que o hábito de ter iniciativa também se fixa conforme é praticado.*

*Eu percebo que o lugar para começar a desenvolver o hábito de ter iniciativa é nas coisas pequenas e comuns ligadas ao meu trabalho diário; portanto, irei ao meu trabalho todos os dias como se estivesse fazendo isso apenas com o propósito de desenvolver esse hábito necessário de ter iniciativa.*

*Entendo que, ao praticar esse hábito de tomar a iniciativa em relação ao meu trabalho diário, estarei não apenas desenvolvendo esse hábito, mas também atraindo a atenção daqueles que irão valorizar mais os meus serviços como resultado dessa prática.*

*Assinado*

---

## VÁ ALÉM

Uma forte ética de trabalho, também conhecida como ir além, é o segredo para alcançar um sucesso notável na vida. Nenhum outro princípio vai fazê-lo prosperar na vida mais rápido. Ir além implica trabalhar sem permissão, trabalhar mais e por mais tempo sem instruções explícitas para fazê-lo, e com uma atitude positiva. Todos os empresários mais bem-sucedidos do mundo entendem o valor de trabalhar mais do que se espera de você – talvez não haja ninguém melhor do que Hill para ilustrar isso. Ele descreve como obteve seu primeiro emprego depois de escrever a seguinte carta:

*Caro General Ayers,*

*Sei que ficará feliz em saber que acabei de terminar um curso de negócios e escolhi você como meu primeiro empregador. Estou disposto a trabalhar para você sob estas condições: trabalharei por três meses e pagarei um salário de qualquer valor que você determinar, contanto que, se você desejar manter o acordo ao final dos três meses, passe a me pagar o mesmo salário. Enquanto isso, todavia, você permitirá que eu fique devendo o valor. Ele será depois descontado do valor que você passará a me dever, se continuar a utilizar os meus serviços no final de três meses. Atenciosamente,*

*Napoleon Hill*

Ayers contratou Hill, que ia trabalhar todos os dias mais cedo, ficava até tarde, e se vestia excepcionalmente bem. Hill acreditava firmemente na lei de retornos cada vez maiores, que especifica que você receberá um retorno monetário em uma proporção muito maior do que a quantidade de serviço que você prestar. Como Hill explica: "Ninguém pode se tornar um verdadeiro líder em qualquer caminhada da vida sem praticar o hábito de trabalhar mais e melhor do que se é pago para fazer". Hill colheu a recompensa por seus esforços, porque o seu trabalho para Ayers o preparou para um grande sucesso nos negócios e na vida.

O congressista de West Virgínia, Jennings Randolph, também reconheceu a importância de ir além. No recesso do Congresso, Randolph costumava permanecer em seu escritório na capital durante o verão para continuar servindo seus eleitores sem interrupção. Ninguém esperava que ele fizesse isso, e certamente não fazia parte de suas obrigações profissionais – ele nem mesmo recebia compensação financeira extra por seus esforços adicionais. No entanto, o hábito de Randolph de ir além lhe rendeu o respeito do presidente da Capital Airlines, que lhe ofereceu o cargo de assistente do presidente e diretor de relações públicas. Randolph prosperou muito na vida e construiu uma forte rede de contatos profissionais porque, de acordo com Hill, "ele reconheceu que tudo o que fazemos para ou pelo outro, fazemos para ou por nós mesmos – que nenhum serviço útil pode ser prestado sem sua justa recompensa, ainda que a recompensa possa não vir da fonte para a qual entregamos o serviço".

> ## **O que quer que façamos para ou pelo outro, fazemos para ou por nós mesmos.**
>
> – Napoleon Hill

Enquanto a maioria da população espera promoções e aumentos para manter o *status* em suas posições, o avanço exige que você preste mais serviço do que o necessário para o seu nível de remuneração atual. Esforce-se, e as recompensas virão – mas não espere ou exija um pagamento imediato. Em uma palestra de 1947 chamada "Indo além", Hill conta a história de um estudante que decidiu "lucrar" com esse princípio perguntando ao seu empregador se poderia ajudar no trabalho aos domingos. O empregador, é claro, não se importava, mas depois de quatro domingos o cavalheiro enviou ao empregador uma conta de 150% por cada hora trabalhada no domingo. Ele não entendeu nada desse princípio. Quando vai além, você se torna indispensável para outras pessoas sem a expectativa de uma recompensa financeira direta ou imediata por seus esforços. Às vezes, assim como ocorreu com Randolph, a sua recompensa não virá da fonte para a qual você tem dirigido seus esforços. Mesmo que não receba uma promoção ou um aumento pelos seus esforços extras em sua organização atual, você está construindo conexões e habilidades que se transformarão em um emprego melhor e pagarão em algum momento, talvez em outra empresa ou indústria.

Um esforço honesto e diligente sempre compensa. Em uma parábola de *O homem mais rico da Babilônia*, o rico e respeitado comerciante Sharru Nada lembra como uma lição sobre o valor do trabalho o salvou da escravidão e o colocou no caminho do empreendedorismo. A caminho da Babilônia para ser vendido a novos proprietários, um colega escravo, Megiddo, defende sinceramente o valor do trabalho: "Alguns homens o odeiam. Eles fazem dele seu inimigo. É melhor tratá-lo como um amigo, obrigar-se a gostar dele. Não se incomode com ele por ser difícil. Se você pensar sobre como é boa a casa que você constrói, não importa se as vigas são pesadas e o poço fica longe para transportar a água para o gesso. Prometa-me, rapaz, se conseguir um mestre, trabalhe para ele o máximo que você puder. Se ele não apreciar tudo o que você fizer, não importa. Lembre-se, o trabalho bem-feito faz bem ao homem que o executa. Faz dele um homem melhor". O trabalho cultiva qualidades de autodisciplina, desenvoltura e autorrespeito que são cruciais para melhorar a posição de um indivíduo. Quando Sharru Nada segue o conselho de Megiddo, torna-se um homem livre antes mesmo de ser libertado dos laços da escravidão. Um dia, um comerciante familiarizado com a ética de trabalho de Sharru Nada lhe pergunta: "Por que você trabalha tão duro?", ao que ele responde que o trabalho é seu melhor amigo, pois está lhe permitindo economizar dinheiro para comprar sua liberdade. Por fim, esse mesmo comerciante compra a liberdade de Sharru Nada e o convida para uma sociedade lucrativa, o que lhe possibilita se tornar um cidadão respeitado.

Sharru Nada foi notável não apenas por seu espírito empreendedor – ele ganha dinheiro extra completando suas tarefas obrigatórias ao meio-dia e, em seguida, usando o resto do tempo para fazer bolos extras para vender nas ruas da Babilônia –, mas também pela atitude mental positiva que exibe enquanto ultrapassa o necessário em seu trabalho servil. Não se engane: se você prestar um serviço extra de forma relutante, a lei de retornos cada vez maiores não irá recompensá-lo por seus esforços. O melhor a fazer é não focar seus retornos antecipados, mas sim desfrutar do privilégio de realizar um serviço útil.

Quando você sabe exatamente o que quer na vida e condiciona sua mente a realizar o trabalho necessário para alcançá-lo, fazer mais do que é devido em todos os seus esforços direcionados para esse fim se torna a sua segunda natureza. Portanto, é crucial que você mantenha o objeto de seu objetivo principal definido fixado em sua mente até que esteja permanentemente implantado lá, destruindo o estado mental de pobreza e seus males de procrastinação e substituindo-o pelo estado mental de prosperidade e iniciativa pessoal.

> **Sinto pena da pessoa que não consegue ficar genuinamente animada com seu trabalho. Ela não só nunca estará satisfeita, como também nunca irá conseguir nada que valha a pena.**
>
> – Walter Chrysler

## PEQUENOS PASSOS E ATIVIDADES COMPLEMENTARES

Embora você nunca queira se estabelecer e ficar contente realizando um trabalho que não é seu objetivo principal definido, é importante entender que o sucesso é uma jornada e pode exigir que você realize trabalhos menores a serviço de suas metas maiores. Lembre-se de Edwin Barnes, que "estava contente em começar no trabalho mais servil, desde que fosse uma oportunidade de dar um passo em direção ao objetivo estimado". Ele não aceitou o emprego de nível básico com a condição, explícita ou implícita, de que se não progredisse rápido o suficiente para o seu gosto, sairia e encontraria emprego em outro lugar. Ele se comprometeu a começar em qualquer lugar e fazer o que fosse preciso para se tornar o sócio de Edison.

Todos os planos práticos incluem pequenos passos para ajudá-lo a chegar aonde você quer ir. Como Martin Luther King Jr. disse: "Você não precisa ver o topo da escada para dar o primeiro passo". Acredito que o reverendo estava falando sobre usar seus "olhos interiores" para direcioná-lo, mesmo quando você é incapaz fisicamente de ver como são seus próximos degraus.

Não se sinta mal em enfrentar dificuldades para ter sucesso. Meu amigo, o falecido Zig Ziglar, provavelmente disse isso de uma forma melhor quando afirmou que tudo que você tem que fazer é estar disposto a "pagar o preço". Pagar o preço significa fazer o que precisa ser feito para alcançar os objetivos na vida que você estabeleceu para si mesmo. Por exemplo, se quer ser um cirurgião, precisa descobrir logo – ou o mais cedo possível – os passos para se tornar um.

Quase todos os indivíduos bem-sucedidos começam em um trabalho de nível básico. Bill Simon, ex-presidente e CEO do Walmart, compartilha: "O meu primeiro trabalho foi como lavador de pratos em um restaurante recebendo US$ 2,10 por hora. Não era um ótimo trabalho, mas foi um ótimo primeiro emprego". Simon acredita que os empregos de varejo e serviços com baixos salários muitas vezes preparam os funcionários para um trabalho mais bem remunerado. Antes de se tornar CEO da Walmart, uma empresa com mais de dois milhões de funcionários e um patrimônio líquido de quase US$ 400 bilhões, Simon deu muitos passos para alcançar seu cargo. Antes de deixar o Walmart, o salário de Simon, participações acionárias e os benefícios totalizavam quase US$ 10 milhões por ano.

Você pode não se aproximar do trabalho e das responsabilidades de Bill Simon, mas pode excedê-los. Mesmo que não ultrapasse Simon, você sem dúvida dará muitos passos para sair de um cargo de baixo nível com baixa renda para um cargo mais alto com salário melhor. O importante é se lembrar de que cada trabalho pode ser um passo na direção certa para o sucesso. A decisão é sua.

Invista o esforço e o tempo necessários para subir em sua profissão. Entenda o custo, as etapas necessárias para alcançar o cargo desejado e comprometa-se a pagá-lo. Encontre uma oportunidade de emprego que o coloque em um caminho claro para o cargo que você deseja. Enquanto estiver nesse cargo, construa sua rede dentro e até mesmo fora da organização por meio do hábito de realizar um serviço melhor do que o que você é pago para fazer. Trate o seu cargo como se fosse digno de grande respeito – porque ele é, se tem um papel que o leva um passo mais perto do seu desejo principal. Dê o seu melhor ao desempenhar esse papel, não deixando nada a desejar. Fique de olho em oportunidades de progresso e, com sua iniciativa pessoal desenvolvida, aproveite-as imediatamente. Mantenha-se focado em seu objetivo e não aceite permanentemente um cargo inferior ao que deseja. Aprecie o ponto de partida, mas certifique-se de que você esteja procurando oportunidades para progredir em vez de ficar eternamente marcando passo.

> **Eu descobri que os homens e as mulheres que chegaram ao topo foram aqueles que fizeram os trabalhos que tinham em mãos, com tudo o que tinham de energia, entusiasmo e trabalho duro.**
>
> – Harry S. Truman

Você também pode considerar como uma "atividade complementar", ou um trabalho paralelo, poderia contribuir para sua jornada de sucesso. Talvez você possa começar a fazer o trabalho que você quer fazer em noites e fins de semana para se familiarizar com aquela área. Isso não só permitiria que você aprendesse mais sobre a ocupação ou o ramo desejado, mas também o ajudaria a ganhar uma renda extra se puder encontrar uma maneira de tornar seus esforços lucrativos. E mesmo que uma atividade complementar não envolva fazer um trabalho associado ao seu propósito principal definido, pode ajudá-lo a construir riqueza mais rapidamente. Há muitos indivíduos que recorreram a trabalhos paralelos – como vender itens no Mercado Livre, ser motorista de Uber, trabalhar como entregador, ou outro serviço semelhante – e que dobraram ou triplicaram sua renda mensal.

Lembre-se: nenhum trabalho está abaixo de você. Quando você tiver fixado seu objetivo principal em sua mente e tiver uma atitude mental positiva, descobrirá que mesmo um papel aparentemente insignificante pode impulsioná-lo ao longo do caminho para a grandeza.

## REVISÃO PARA RIQUEZAS

❖ É raro encontrar atalhos para riquezas estáveis, por isso é essencial que você encontre um trabalho significativo que gere renda suficiente para ajudá-lo a alcançar o seu objetivo principal definido.

❖ Muitas pessoas não têm sucesso na vida porque aceitam o primeiro cargo oferecido a elas, sem antes criar um propósito ou plano definido. Estude sua personalidade, suas inclinações e suas habilidades e compare-as com o seu principal desejo para determinar qual deve ser a sua vocação na vida.

- Há dois meios honestos de adquirir riqueza: fornecer um serviço ou um produto pelo qual alguém esteja disposto a pagar. Pergunte a si mesmo: "O que as pessoas querem, e como posso prover isso por meio de um produto melhor, um preço melhor ou um serviço melhor de uma maneira que incentivará a recorrência dos negócios?".

- Não há limite para a quantidade de dinheiro que qualquer indivíduo pode ganhar. Só porque alguns indivíduos têm uma grande porcentagem da riqueza mundial não significa que haja menos riqueza para outros ganharem.

- Iniciativa pessoal é a chave para transformar suas ideias em ações. Adquira o hábito de trabalhar e use essa autodisciplina para seguir em frente na vida.

- Ir além implica trabalhar sem permissão, trabalhar mais e por mais tempo sem instruções explícitas para fazê-lo e com uma atitude mental positiva. As razões para ir além são as seguintes:
  - A lei de retornos cada vez maiores funciona a seu favor.
  - Atrai a atenção favorável de quem pode e dará oportunidade para autopromoção.
  - Isso o torna indispensável em muitos relacionamentos diferentes e permite que você mereça mais do que a remuneração média.
  - Desenvolve maior habilidade e capacidade na vocação escolhida por você.
  - Protege você contra a perda de emprego e o coloca em uma posição de escolher seu próprio trabalho e as condições, bem como atrair novas oportunidades.

- Permite que você lucre pela lei do contraste, porque a maioria das pessoas não pratica o hábito, mas segue o oposto tentando conseguir algo em troca de nada.
- Leva ao desenvolvimento de uma atitude mental agradável.
- Promove uma imaginação mais aguçada e alerta.
- Cultiva o importante fator de iniciativa pessoal e auxilia a dominar o hábito destrutivo da procrastinação.
- Aumenta sua autoconfiança.
- Constrói nos outros uma confiança em sua integridade e habilidade geral.
- Ajuda a desenvolver a certeza de propósito, sem a qual você não pode esperar ser bem-sucedido.

✧ Nunca desvalorize um cargo que possa servir de trampolim para seu objetivo principal definido. O sucesso muitas vezes exige que você realize trabalhos menores a serviço de suas metas maiores.

✧ Considere como uma "atividade complementar", ou um trabalho paralelo, pode contribuir para sua jornada de sucesso, seja permitindo que você se familiarize com o trabalho que quer fazer, seja ganhando renda extra para ajudá-lo a construir suas riquezas mais rapidamente.

## O SEU GRANDE PLANO MILIONÁRIO

✧ Descreva traços de personalidade, inclinações naturais e habilidades que podem ser relevantes para uma discussão do trabalho mais adequado para você. Se você já fez algum teste de personalidade ou aptidão para alguma carreira, fique à vontade para registrar os resultados abaixo.

_____

_____

_____

_____

_____

- ✧ Com base nos detalhes fornecidos, em que tipo de trabalho você pode se destacar *e* de que tipo você pode desfrutar? Seja criativo – liste todas as ocupações ou áreas que precisem dessas características e habilidades.

_____

_____

_____

_____

_____

- ✧ Alguma das profissões ou dos ramos de atividade listados acima se alinha com seu propósito principal definido de alguma forma? Explique, determinando qual deve ser sua vocação na vida.

_____

_____

_____

_____

_____

❖ Aumente sua iniciativa pessoal encontrando algo para fazer a cada dia, sem que ninguém o mande fazê-lo e sem expectativa de pagamento. Liste cinco coisas que você possa fazer nesta semana e satisfaçam esses requisitos.

---

❖ Como você pode ir além em sua vida pessoal? Vida profissional? Vida financeira?

---

❖ Quais habilidades ou recursos você tem e poderia aproveitar para trazer uma renda adicional a cada mês e/ou ajudá-lo na transição para o trabalho que você por fim deseja fazer? Identifique algumas "atividades complementares" que possam ajudá-lo a construir riqueza de uma forma mais rápida e talvez ganhar experiência em um novo negócio.

**"**

Nenhum homem para de aprender. Se o seu principal propósito na vida for algo acima da média, você deve continuar a aprender com todas as fontes possíveis, em especial onde você pode adquirir conhecimento particularmente relacionado ao seu propósito.

– Napoleon Hill, *PMA: A ciência do sucesso*

**"**

CAPÍTULO 5

# EDUCAÇÃO: APRENDA A GANHAR

Mike Parrott, um assessor de investimento da Hilliard Lyons, uma das mais antigas empresas de investimento dos EUA, possui uma cópia de 1937 do livro *Quem pensa enriquece* que ele comprou em um sebo há muitos anos. Mike pagou apenas US$ 1 por ele, enquanto uma primeira edição hoje é vendida por milhares de dólares. Claramente, o proprietário original do livro não reconheceu seu valor, tanto em termos monetários quanto em termos educacionais. Mike continua a ler *Quem pensa enriquece* regularmente, e seus estudos seguem pagando dividendos. Ele é um dos muitos indivíduos que se dedicaram a aprender e praticar os princípios no sistema de sucesso de Hill e aumentaram muito seu potencial de ganho ao fazê-lo.

Jim Stovall, autor de mais de dezesseis livros, incluindo *The Ultimate Gif* (O presente), que foi transformado em um filme estrelado por James Garner e Abigail Breslin, muitas vezes escreve sobre o valor de aprender com especialistas como Hill. Recentemente, tive uma conversa com Jim, e me disse que, quando começou sua carreira, costumava perguntar às pessoas bem-sucedidas se elas tinham lido *Quem pensa enriquece*. Ele me disse que desde então aprendeu a perguntar a indivíduos bem-sucedidos: "Em que ano você leu pela primeira vez *Quem pensa enriquece?*". Os princípios de realização de Hill são tão conhecidos em todo o mundo que quase todos os empresários, influenciadores e ícones culturais de sucesso estão familiarizados com eles ou atribuem seu sucesso à implementação efetiva deles.

Não é a missão deste livro tomar decisões por você, mas incentivá-lo a melhorar seu futuro com boas decisões que são possíveis lendo, estudando e aprendendo com outras fontes confiáveis. Você deve investir em si mesmo se quiser ser um sucesso, e o melhor investimento é no aprendizado. Pessoas bem-sucedidas aprendem a ganhar.

## O VALOR DO CONHECIMENTO APLICADO

Existem dois tipos principais de aprendizagem, e ambos contribuem para o sucesso: a educação formal, como a obtida por meio das instituições de ensino, e a educação adquirida por meio da experiência e da autoeducação. Apesar de a educação formal ser muito valorizada no mundo moderno, um tipo de aprendizagem não é inerentemente mais valioso do que outro, e, na verdade, várias vezes não há melhor professor do que a experiência vivida, ou o que Hill chama de "universidade da vida".

No entanto, no mundo atual, é mais difícil ganhar bons salários sem uma educação universitária do que antigamente. Há cinquenta anos, a maioria dos empregos exigia uma grande quantidade de trabalho físico, então a educação formal simplesmente não era tão necessária para ganhar a vida. Hoje em dia, a educação é essencial para melhorar a capacidade de ganho e levar uma vida confortável.

Lembre-se do capítulo 1, em que os quatro usos do dinheiro são listados – a oportunidade de alcançar todos os quatro usos é mais facilmente obtida quando se tem educação.

Contudo, embora a educação facilite a renda, ela não garante que você realmente terá uma. A educação pode muitas vezes ser vista como uma "energia potencial" porque deve ser aplicada para funcionar efetivamente. Quando você se forma em qualquer faculdade, há uma cerimônia. É simplesmente um começo ou um ponto de partida. Uma educação deve ensiná-lo a pensar e como aplicar o que você aprendeu para oferecer um serviço ou produto pelo qual as pessoas estejam dispostas a pagar. Ao colocar para funcionar as habilidades de pensamento crítico que aprende na escola, você pode satisfazer uma necessidade ou um desejo na carreira que escolheu. A sua educação, juntamente com o grau em que você aplica o que aprendeu, determinarão a quantidade de sucesso que você é capaz de obter na vida.

Em *Quem pensa enriquece*, Hill distingue dois tipos de conhecimento para destacar a diferença entre conhecimento latente e conhecimento que gera sucesso: conhecimento geral e conhecimento especializado. Segundo Hill, conhecimento geral, o tipo obtido por meio da educação formal, "é de pouco uso no acúmulo de dinheiro". Conhecimento especializado é aquele que "é organizado, e inteligentemente direcionado, por meio de planos práticos de ação, com o objetivo definido de acúmulo de dinheiro". O conhecimento em si é apenas um poder potencial – é latente. Aguarda ativação por meio da organização em planos definidos de ação e direção para um objetivo definido. O melhor tipo de educação, então, é aquele que ensina os alunos a organizar e usar o conhecimento que adquirem.

> Um homem educado não é, necessariamente, aquele que tem uma abundância de conhecimento geral ou especializado. Um homem educado é aquele que desenvolveu tanto as faculdades de sua mente que pode adquirir qualquer coisa que quiser, ou seu equivalente, sem violar os direitos dos outros.

– Napoleon Hill

Entretanto, a maioria das instituições não ensina essa habilidade crucial. Como Hill lamenta: "As escolas e faculdades ensinam praticamente tudo, exceto os princípios da realização individual. Elas exigem que homens e mulheres jovens passem de quatro a oito anos mergulhando na irrealidade acadêmica e adquirindo conhecimento abstrato, mas não ensinam a eles o que fazer com esse conhecimento depois de obtê-lo". Por isso, para complementar a educação formal, os alunos devem aprender a usar suas próprias mentes e pensar de forma independente, em vez de aceitar passivamente e reproduzir os pensamentos dos outros. Eles devem se tornar seus próprios professores, adquirindo e compartilhando informações que aprendem por meio da autoeducação – em especial sobre como sua mente funciona e as influências às quais ela está suscetível. Eles também deveriam aplicar o conhecimento obtido – e aumentar suas reservas – engajando-se em atividades e projetos que proporcionem aprendizado experiencial, particularmente aqueles ligados ao trabalho prático.

Quando os indivíduos aprendem o valor do conhecimento aplicado, ou especializado, tornam-se aprendizes ao longo da vida, sempre buscando novas oportunidades para aumentar sua compreensão e expandir sua perspectiva. Hill recomenda as cinco fontes de conhecimento a seguir:

1. As suas próprias experiências
2. Os *insights* obtidos da cooperação com os outros (como por meio de um grupo MasterMind)
3. Faculdades e universidades
4. Bibliotecas públicas
5. Cursos especiais de capacitação

A esses podemos também acrescentar livros e audiolivros (da biblioteca ou não), vídeos do YouTube e *podcasts*. Determine quais conhecimentos especializados são necessários para que você realize seu propósito principal definido e, em seguida, identifique uma ou mais fontes confiáveis de onde você poderia obtê-los. À medida que você adquirir conhecimento, certifique-se de organizá-lo em planos práticos e colocá-lo em uso.

> A sabedoria não é um produto da escola, mas da tentativa ao longo da vida de adquiri-la.
>
> – Albert Einstein

## APRENDA AO LONGO DA VIDA

Em *Quem pensa enriquece*, Hill explica que indivíduos bem-sucedidos "nunca deixam de adquirir conhecimentos especializados referentes ao seu principal propósito, negócio ou profissão. Aqueles que não são bem-sucedidos geralmente cometem o erro de acreditar que o período de aquisição de conhecimento acaba quando se termina a escola. A verdade é que a escolaridade não faz muito mais do que colocar um indivíduo no caminho de aprender a adquirir conhecimento prático".

Um indivíduo cuja vida é uma prova do valor da aprendizagem ao longo da vida é W. Clement Stone, que serviu como presidente do conselho da Fundação Napoleon Hill por décadas até sua morte, aos cem anos. Stone perdeu seu pai aos três anos de idade e foi criado em uma casa no extremo sul de Chicago com sua mãe e parentes. Quando jovem, ele leu as histórias de pessoas que saíram da miséria e enriqueceram, apresentadas nos romances de Horatio Alger, e por fim acumulou centenas de livros sobre sucesso em sua extensa biblioteca. Esses livros tiveram um enorme impacto no desenvolvimento da crença, por Stone, de que ele poderia fazer seus sonhos se tornarem realidade.

Quando tinha apenas seis anos, Stone começou a vender o jornal de Chicago, o *Examiner,* nas ruas de South Side. Por ser um menino pequeno, era frequentemente perseguido nos becos por garotos mais velhos, uma experiência que lhe ensinou a importância da persistência e da disciplina. Aos treze anos, ele era dono de sua própria banca de jornal.

Stone conseguiu obter um diploma do ensino médio, mas as histórias de sucesso que leu o encorajaram a continuar lendo e aprendendo além da sala de aula. Stone estava sempre procurando oportunidades para aumentar seu conhecimento e expandir sua perspectiva lendo novos livros e estabelecendo novos contatos pessoais.

Embora o amor de Stone pela leitura fosse bem conhecido, poucos sabem que ele era dono de sua própria editora. Antes de sua morte, Stone deu os direitos autorais que possuía para a Fundação Napoleon Hill. Um dos livros cujos direitos autorais Stone passou para a Fundação foi uma pequena obra de J. Martin Kohe intitulada *Your Greatest Power.* Embora tenha menos de cem páginas, é um livro muito poderoso com uma lição que deve ser aprendida se você deseja alcançar o sucesso na vida. A mensagem é a seguinte: cada um de nós tem escolhas a fazer diariamente, e essas escolhas se somam ao longo do tempo para determinar a qualidade de vida que teremos.

# "

Os ricos têm pequenas
TVs e grandes bibliotecas,
e pessoas pobres têm pequenas
bibliotecas e grandes TVs.

"

– Zig Ziglar

Muitas pessoas desperdiçam a vida reclamando... inventando desculpas, culpando os outros, sentindo que a vida lhes deu má sorte. Você pode passar a vida de tal maneira, ou pode cair em si e reconhecer que existe um poder interno que mudará drasticamente sua vida e seu futuro para melhor. Quando você perceber esse poder e abraçá-lo, a sua vida nunca mais será a mesma. Você será capaz de ver cada fracasso como uma lição que pode ser convertida em sucesso. Você será capaz de transformar uma vida de tristeza em uma vida de alegria. Você será capaz de transformar uma vida maçante em uma vida de expectativas agradáveis. A escolha é só sua.

Outro indivíduo que reconheceu o valor da educação continuada é o investidor americano Irving Kahn. Um dia antes de seu 107º aniversário, Kahn deu uma entrevista ao *The Wall Street Journal* na qual discute as experiências de que desfrutou durante seus 84 anos de investimentos. Ele era um estudante de Benjamin Graham, um dos mais conhecidos investidores e autor do livro *O investidor inteligente,* de 1949. Na entrevista, Kahn menciona como lê jornais, revistas e livros todos os dias. Certamente, se Kahn ainda estudava na idade dele, então todos deveríamos, porque a educação deve ser um processo para a vida inteira.

Warren Buffett, uma das pessoas mais ricas do mundo e um dos investidores mais renomados, defendeu uma atitude semelhante em relação à educação. Quando um jovem de dezessete anos perguntou-lhe o que ele precisava fazer para se tornar um grande investidor, o "Oráculo de Omaha" respondeu: "Leia tudo o que puder. Aos dez anos, eu lia todos os livros da Biblioteca Pública de Omaha com a palavra *finanças* no título; alguns, duas vezes". Os hábitos de leitura de Buffett só se fortaleceram com a idade. De acordo com Jeff Matthews, autor de *Pilgrimage to Warren Buffett's Omaha*, Buffett "lê literalmente milhares de balanços financeiros e relatórios anuais a cada ano – como tem feito nos últimos cinquenta ou mais anos em que vem investindo". Matthews continua: "Amigos e conhecidos que são convidados a compartilhar um jato com Buffett relatam que ele conversa brevemente e depois começa a ler. Andrew Kilpatrick, autor da enorme hagiografia de Buffett *Of Permanent Value*, disse que Buffett mencionou uma vez, enquanto os dois estavam em uma sessão de autógrafos, que ele tinha cinquenta livros em casa, esperando para serem lidos".

> **Cada um de nós tem escolhas a fazer diariamente, e essas escolhas se somam ao longo do tempo para determinar a qualidade de vida que teremos.**

O incrível sucesso desses indivíduos confirma a importância da aprendizagem contínua. Mesmo depois de concluir a educação formal, você deve ler e aprender com os especialistas em sua área, autoridades em dinheiro e investimentos, bem como outros influenciadores de desenvolvimento pessoal e profissional. De acordo com o Pew Research Center, cerca de 25% dos adultos americanos admitem não ter lido um livro no ano passado. Pense em todo o tempo que os americanos passam assistindo TV, percorrendo seus *feeds* de mídia social e fazendo outras atividades que diminuem seu intelecto. Se você quer superar a média e viver plenamente, deve aprender a usar seu tempo pessoal de forma construtiva. Leia um livro, faça um curso de desenvolvimento pessoal ou de formação profissional, ou participe de um diálogo produtivo com pessoas que lhe darão uma perspectiva nova ou expandida sobre algo.

Lembre-se: as escolhas que você faz diariamente, mesmo com coisas aparentemente insignificantes, como se envolver em atividades extremamente chatas, são importantes para determinar sua qualidade de vida. Quanto mais cedo você começar a aprender, mais cedo começará a ganhar. Se você quer viver a "boa vida", então a educação deve ser um processo para toda a vida.

## REVISÃO PARA RIQUEZAS

- ❖ Para ser bem-sucedido, você deve investir em si mesmo, e o melhor investimento de todos é no aprendizado.
- ❖ Existem dois tipos principais de aprendizado: a educação formal, como a obtida nas instituições de ensino, e a educação adquirida por meio de experiência e autoinstrução.

- Educação é uma energia potencial, ou um poder latente, que deve ser organizada e aplicada para que funcione efetivamente.

- Conhecimento que se organiza em planos práticos de ação direcionados para um objetivo definido é chamado de conhecimento especializado. O conhecimento geral, por outro lado, é aquele obtido por meio da escolaridade formal. Conhecimento especializado é o tipo necessário para o acúmulo de dinheiro.

- A maioria das escolas não ensina as habilidades necessárias para construir riqueza. Assim, os alunos devem complementar sua educação formal com atividades de aprendizagem que exijam que pensem de forma independente, compartilhem seus conhecimentos com os outros e apliquem seus conhecimentos em projetos que envolvam trabalho prático.

- As cinco fontes de conhecimento mais importantes, segundo Hill, são as seguintes:
  - As suas experiências
  - Os *insights* obtidos da cooperação com os outros (como por meio de um grupo MasterMind)
  - Faculdades e universidades
  - Bibliotecas públicas
  - Cursos especiais de capacitação

- Outras fontes importantes de conhecimento no mundo moderno incluem livros e audiolivros (da biblioteca ou não), vídeos do YouTube e *podcasts*.

- Concluir os estudos formais não significa que deve parar de adquirir conhecimento. Os indivíduos mais bem-sucedidos são aqueles que aprendem ao longo da vida.

- Cada um de nós tem escolhas a fazer diariamente, e essas escolhas se somam ao longo do tempo para determinar a qualidade de vida que teremos.

# O SEU GRANDE PLANO MILIONÁRIO

✧ Que conhecimento especializado você precisa obter para alcançar seu objetivo principal definido? Para qual propósito esse conhecimento servirá dentro do seu plano maior?

_____

_____

_____

_____

_____

✧ Usando a lista de fontes de conhecimento fornecidas neste capítulo, determine onde você pode obter o tipo de conhecimento de que precisa de forma confiável. Observe que é preferível olhar para fontes que não exijam que você assuma dívidas adicionais, a menos que acredite que pode pagar rapidamente a dívida com o maior potencial de ganho que resultará de sua educação.

_____

_____

_____

_____

_____

✦ Escreva uma lista de livros, programas de áudio ou vídeo, cursos de desenvolvimento pessoal e oportunidades de treinamento profissional que você planeja consultar neste ano em seus esforços para se tornar um aprendiz ao longo da vida.

_____

_____

_____

_____

_____

_____

_____

_____

> **"**
>
> Ninguém pode ter sucesso na vida sem economizar dinheiro. Não há exceção a essa regra, e ninguém pode escapar dela.
>
> **"**
>
> – Napoleon Hill, *O manuscrito original*

CAPÍTULO 6

# ECONOMIAS: BONS HÁBITOS LEVAM A GRANDES FUTUROS

Assim como fazemos escolhas sobre nosso crescimento pessoal e profissional, fazemos escolhas sobre como usamos nossa renda. Podemos gastar todo o dinheiro que ganhamos ou guardar parte dele para o futuro. As escolhas que fazemos em relação a gastos *versus* economias ao longo do tempo determinam se levamos uma vida de segurança financeira ou se ficamos perpetuamente escravizados ao nosso salário.

O agricultor entende a importância de economizar, pois quando colhe seu milho, não se atreve a usar tudo – ele deve guardar parte das sementes para usar na primavera para que tenha outra colheita no próximo ano. Seu futuro financeiro pode ser comparado com a potencial colheita do agricultor: se você não planeja para o futuro, não pode esperar uma colheita no outono de sua vida. O dinheiro é como a semente do produtor: pode ser gasto de uma só vez ou parte dele pode ser guardada para o futuro. Muitas vezes, essa decisão é tomada tanto consciente quanto inconscientemente. Você pode escolher como viver ou não fazer nada e permitir que outros determinem a qualidade de sua vida para você. Nos anos seguintes, você pode ser um bom exemplo para a próxima geração porque fez as escolhas certas ou estar entre os milhões de pessoas que olham para trás e dizem: "Se eu tivesse…". Você pode evitar arrependimentos mais tarde fazendo as escolhas certas agora.

Sua renda é sua melhor ferramenta para construir riqueza, mas a quantidade de dinheiro é menos importante do que sua capacidade de economizar. Como escreve Napoleon Hill: "Se um homem segue o hábito sistemático de economizar uma proporção definida de todo o dinheiro que ganha, é praticamente certeza que ele irá se colocar em uma posição de independência financeira. Se ele não economizar nada, com certeza nunca será financeiramente independente, não importa qual seja sua renda". A segurança financeira é determinada mais pelo que você guarda do que pelo que ganha.

> **A segurança financeira é determinada mais pelo que você guarda do que pelo que ganha.**

# PAGUE A SI MESMO PRIMEIRO

Uma das primeiras lições que aprendi foi sobre economizar dinheiro. Quando jovem, estava determinado a ter sucesso e conseguia me ver como uma pessoa rica antes mesmo de ser uma. Eu gerenciei um pequeno escritório de empréstimos para consumidores na década de 1960 e conheci um homem muitos anos mais velho que era apelidado de "Bird". Conheci Bird e sua situação financeira. A esposa dele tinha um bom trabalho lecionando na escola, mas eles estavam em uma condição financeira muito melhor do que a indicada por sua renda.

Bird me explicou que, quando ele recebia, depositava seu salário, mas mantinha parte do dinheiro para si mesmo. Eu disse: "Oh, eu entendo – você guarda parte do seu dinheiro escondido de sua esposa para gastar como quiser".

Bird riu e disse: "A maior parte do que ganhamos é colocado em uma conta-corrente usada para despesas domésticas, o pagamento da hipoteca e o fundo da faculdade de nossos filhos".

Eu disse: "Bird, ainda não entendo. Você recebe, fica com parte do dinheiro, e o resto é usado para pagamentos da casa e despesas usuais. Então, o que acontece com o dinheiro que você guarda do seu salário?".

"Esse é o dinheiro que vai trabalhar para mim", disse ele. "Amanhã eu vou lhe trazer um pequeno livro que vai lhe explicar muito melhor do que sou capaz. É um livrinho que encontrei em um sebo e me custou US$ 0,25. O título chamou minha atenção, pois sou um estudante de história e gosto de ler histórias sobre o passado."

O livro era *O homem mais rico da Babilônia*, de George S. Clason, publicado pela primeira vez em 1926. Eu fiz referência às parábolas do livro de Clason em capítulos anteriores. Elas ensinam as leis simples que regem a aquisição de dinheiro, e a principal é "pague a si mesmo primeiro". Em "O homem mais rico da Babilônia explica seu sistema", Arkad, o indivíduo mais rico da Babilônia, lembra-se de ter aprendido sobre esse princípio de seu mentor, Algamish, que lhe diz: "Uma parte de tudo que você ganha deve ser mantida para você mesmo. Não deve ser menos de um décimo, não importa o quão pouco você ganhe. Pode ser muito mais do que você pode pagar. Priorize-se primeiro. Não compre do fabricante de roupas e do fabricante de sandálias mais do que você pode pagar do resto de suas economias e ainda ter o suficiente para comida, caridade e penitência para os deuses". Ao pagar a si mesmo em primeiro lugar, você garante que está contribuindo para o seu próprio bem-estar financeiro antes de dar dinheiro para outras fontes. O valor deve ser nada menos que 10% do seu salário e pode ser mais, se você puder se dar ao luxo.

> **Em praticamente todas as grandes fortunas que se podem encontrar está o seguinte início: um hábito bem desenvolvido de economizar.**
>
> – Napoleon Hill

Muitas pessoas evitam pagar a si mesmas primeiro porque pensam erroneamente que não têm dinheiro suficiente para isso. Elas raciocinam: "Mal consigo chegar ao fim do mês sem me endividar, então como poderia me virar com apenas 90% do meu salário?". Quando você começar a reservar o primeiro décimo do seu salário para a poupança (e por fim para investimentos, uma vez que você tenha construído um fundo de emergência), vai descobrir que pode viver com menos dinheiro. De repente, seu orçamento será mais amplo porque você terá criado o hábito de economizar e aprendido a priorizar seu futuro em vez de prazeres fugazes. Uma vez que você se tornar consciente sobre economizar, experimentará uma nova alegria de vida que irá incentivá-lo a tomar decisões melhores com suas finanças e a identificar novas oportunidades para ampliar sua renda.

A independência financeira começa quando você percebe que uma parte de tudo que ganha deve ser mantida para você. Uma vez que você decide que vai pagar a si mesmo primeiro, deixando de lado uma parte do seu salário para economias antes de gastar dinheiro em qualquer outra coisa, você se coloca firmemente no caminho da riqueza. Economizar um décimo de sua renda forma um bom hábito que lhe permite continuar a prática durante toda a sua jornada rumo à obtenção de renda. Pense no exemplo do agricultor: os ganhos que você economiza podem ser comparados com as sementes plantadas; quanto mais cedo você plantar as sementes, mais cedo sua riqueza crescerá. Como Algamish diz a Arkad: "A riqueza, assim como uma árvore, cresce a partir de uma pequena semente. A primeira moeda que você economiza é a semente da qual sua árvore de riqueza crescerá. Quanto mais cedo você plantar essa semente, mais cedo a árvore crescerá. E quanto mais fielmente você nutrir e regar aquela árvore com economias consistentes, mais cedo você pode se deliciar com contentamento sob sua sombra". Nunca é tarde demais para desenvolver o hábito de economizar, mas cada dia que você o adia é outro dia que você está impedindo seu dinheiro de trabalhar para você.

> **Não economize o que resta depois de gastar; gaste o que resta depois de economizar.**
>
> – Warren Buffett

## ECONOMIZE PARA UM IMPREVISTO

Quando você economiza 10% de sua renda, deve direcioná-los, primeiramente, para um fundo de emergência, o que cria certa proteção entre você e a falência. De acordo com uma pesquisa de 2021 da Bankrate.com, apenas 39% dos americanos poderiam pagar uma despesa imprevisível de US$ 1 mil. Muitos desses indivíduos teriam que se erguer novamente pegando dinheiro emprestado ou contraindo dívidas de cartão de crédito para pagar a despesa de US$ 1 mil. Estudos indicam que essa incapacidade de cobrir custos inesperados decorre da tendência dos americanos de atrelarem seus rendimentos a pagamentos de dívidas envolvendo contas de cartão de crédito, empréstimos estudantis e financiamentos de carros.

Viver apenas do salário é uma coisa muito perigosa de se fazer se você quiser viver a "boa vida". O que acontece quando, pela primeira vez, não houver um pagamento, e talvez não por sua causa? Você poderia (Deus o livre) perder seu emprego ou ficar incapacitado. O que acontece quando você se depara com uma emergência cuja solução exige uma grande quantia, como um acidente de carro, um aparelho quebrado ou uma conta médica? Em algum momento da sua vida, imprevistos surgirão, e você pode estar preparado para os imprevistos, poupando parte de suas rendas em um fundo de poupança designado apenas para emergências. Não se trata de uma conta da qual você tiraria dinheiro para qualquer despesa normal – cobrir contas de cartão de crédito, férias, compras de carro ou outra coisa desse tipo. Ela não deve ser tocada, exceto em casos de emergências – perda de emprego, incapacidade, grandes contratempos financeiros, entre outros. Se você sacar de seu fundo de emergência, você deve imediatamente trabalhar para reconstituí-lo ao valor anterior.

Normalmente, o valor recomendado para um fundo de emergência cobriria de três a seis meses de suas despesas básicas de vida, mas recomendo o valor de seis meses. Uma vez que você tenha economizado o equivalente a seis meses de seus ganhos, possuirá o suficiente para passar por 90% dos eventos não planejados sem sofrer desastres financeiros. Quanto mais liquidez você tiver, maior será o período de desemprego ou renda reduzida que você poderá enfrentar sem perder sua casa, seu automóvel e sua capacidade de pagar as despesas cotidianas.

Até que você tenha dinheiro suficiente guardado para cobrir de três a seis meses de despesas, deve atrasar os gastos com desejos. Deixe para comprar itens não essenciais quando você tiver estruturado seu guarda-chuva financeiro para protegê-lo dos imprevistos que podem surgir a qualquer instante. Como Hill sugere: "É melhor se sacrificar durante a época da juventude do que ser obrigado a fazê-lo quando tiver mais idade, como geralmente ocorre com todos os que não desenvolveram o hábito de economizar". Em outras palavras, é mais difícil economizar quando você é mais velho, quando provavelmente terá menos renda e estará acostumado com certo padrão de vida, do que economizar enquanto está no seu auge de obtenção de renda. Logo a seguir está o conselho oferecido por Hill para adquirir um bom hábito – instruções que têm grande utilidade no cultivo do hábito de economizar.

### Regras de Napoleon Hill para adquirir um bom hábito

*Primeiro: No início da formação de um novo hábito, coloque força e entusiasmo em sua atitude. Lembre-se de que você está dando os primeiros passos para criar o novo caminho mental e que será muito mais difícil no início do que depois. Faça o caminho o mais claro e profundo possível no início, para que você possa vê-lo prontamente da próxima vez que desejar segui-lo.*

*Segundo: Mantenha sua atenção firmemente concentrada na construção do novo caminho e sua mente longe dos caminhos antigos, para que você não se incline em direção a eles. Esqueça todos os velhos caminhos e se preocupe apenas com os novos que você está construindo.*

*Terceiro: Viaje pelos seus caminhos recém-criados o mais frequentemente possível. Crie oportunidades para fazê-lo, sem esperar que eles surjam por meio de sorte ou acaso. Quanto mais frequentemente você percorrer os novos caminhos, mais cedo eles ficarão marcados e fáceis de percorrer. Crie planos para passar por esses novos caminhos de hábitos desde o início.*

*Quarto: Certifique-se de que você mapeou o caminho certo como seu objetivo principal definido, e, em seguida, vá em frente sem medo e sem se permitir duvidar. "Coloque a mão sobre o arado e não olhe para trás". Selecione seu objetivo e faça bons, profundos e largos caminhos mentais que o levem direto a ele.*

## O HÁBITO DE ECONOMIZAR ATRAI OPORTUNIDADES

Quando adquirir o hábito de poupar, você descobrirá que aumentará sua capacidade de construção de riqueza – não apenas por meio de economias e investimentos, mas também por meio de novas oportunidades disponibilizadas para você como resultado de sua boa administração. Como Hill explica, a "adoção do Hábito de Economizar não significa que você deve limitar sua capacidade de ganho; significa exatamente o contrário – que deve aplicar essa lei para que ela não só conserve aquilo que você ganha, de uma forma sistemática, mas também o coloque no caminho de uma oportunidade maior e lhe dê a visão, a autoconfiança, a imaginação, o entusiasmo, a iniciativa e a liderança necessária para aumentar sua capacidade de ganho". O hábito de poupar cultiva muitas características desejáveis que são necessárias para o sucesso – mais notavelmente, autocontrole, perseverança, autoconfiança, coragem, equilíbrio e libertação do medo. Essas características ajudarão você a canalizar seu desejo para planos práticos que implementar com iniciativa e persistência. Isso porque a formação de hábitos construtivos atrai o funcionamento positivo da Força Cósmica do Hábito, a lei natural que dita que escolhas positivas, repetidamente feitas, estabelecem um ritmo construtivo que o arrasta ao longo do caminho para o sucesso a uma velocidade maior.

À medida que você cultiva essas características positivas, outros tomarão conhecimento e o recompensarão por seus esforços. Serão dados a você cargos e oportunidades que envolvam maior responsabilidade. Como Hill observa: "Qualquer homem de negócios prefere empregar uma pessoa que poupa dinheiro regularmente, não pelo simples fato de que tal pessoa poupa dinheiro, mas por causa de suas características, que a tornam eficiente". Líderes em todas as áreas da vida não confiarão responsabilidades a outros, especialmente as ligadas ao dinheiro deles, a menos que aqueles tenham demonstrado a capacidade de usar seu próprio dinheiro sabiamente. Esse princípio é encontrado na Bíblia. Lucas 16:10 diz: "Quem é fiel no pouco também é fiel no muito; e quem é injusto no pouco também é injusto no muito". Então, lembre-se: se você não consegue separar uma parte de tudo o que você ganha, não se pode confiar a você mais do que já lhe foi dado. Se você quer aumentar seu potencial de ganho, deve se tornar um bom administrador de sua renda.

> " Se você não consegue guardar dinheiro, a semente da grandeza não está em você. "
>
> – W. Clement Stone

Assim que você começar a acumular riqueza por meio do hábito de poupar, vai experimentar um sentimento de liberdade econômica. Hill o descreve desta forma: "Por um lado, estimulando e exigindo sempre de si mesmo que aumente o potencial de ganho; por outro lado, sistematicamente separando uma quantidade definida de todos os seus ganhos; você logo chegará ao ponto em que terá removido todas as limitações imaginárias de sua própria mente e, então, terá iniciado bem no caminho para a independência financeira".

Construir sua conta poupança fará com que tudo relacionado a sua vida fique mais calmo e mais controlado. Os seus medos começarão a se dissipar, porque você reconhece que despesas não planejadas são meros inconvenientes, não verdadeiras catástrofes. Você será capaz de estar presente em sua vida e parar de olhar o futuro ansiosamente, sempre esperando o próximo solavanco. Você vai colher mais satisfação do seu emprego, porque trabalhará por prazer e propósito em vez de por necessidade. Você também descobrirá que sua capacidade de economizar aumentará exponencialmente, à medida que mais oportunidades e bênçãos financeiras virão em seu caminho. Em suma, você terá um novo mundo de liberdade financeira, o qual traz consigo o maior fruto do sucesso – a paz de espírito.

## REVISÃO PARA RIQUEZAS

✧ O seu dinheiro é como as sementes que um agricultor planta: elas podem ser gastas de uma só vez, ou parte delas pode ser separada para o futuro. Uma colheita futura requer que você guarde algumas de suas sementes.

- A sua renda é sua melhor ferramenta para construir riqueza, mas a quantidade de dinheiro é menos importante do que sua capacidade de economizar. A segurança financeira é determinada mais pelo que você guarda do que pelo que ganha.

- A independência financeira começa com a percepção de que parte de tudo que você ganha é para você.

- Quando você recebe seu salário, deve pagar a si mesmo primeiro, reservando pelo menos 10% para poupança e investimentos antes de direcionar seu dinheiro para outro lugar.

- Estendendo a metáfora das sementes – quanto mais cedo você plantar as sementes do seu dinheiro, mais cedo sua árvore de riqueza crescerá, e mais cedo você poderá se aposentar sob a sombra dela.

- O primeiro local para suas economias deve ser um fundo de emergência no valor de três a seis meses de suas despesas básicas de vida. Esse fundo é a sua proteção contra a falência decorrente de despesas inesperadas e deve ser usado apenas para reais emergências: perda de emprego, contas médicas e outros grandes contratempos financeiros.

- Desenvolver o hábito de poupar permite cultivar outros traços positivos essenciais para o sucesso, como autocontrole, perseverança, autoconfiança, coragem, equilíbrio e libertação do medo. Também irá atrair maiores oportunidades em sua vida, pois outros confiarão em você com maior responsabilidade com base em sua boa administração de dinheiro.

## O SEU GRANDE PLANO MILIONÁRIO

- Determine quanto dinheiro você precisa poupar para criar um fundo de emergência adequado. O valor deve cobrir de três a seis meses de suas despesas básicas de vida. Para identificar o valor necessário, calcule o que gastou nos últimos três a seis meses, dependendo do tamanho da proteção que você pretende criar. (Note que seis meses é preferível.) Esse valor deve lhe dar bastante alívio, já que, em cenários de emergência, você provavelmente estaria cortando despesas desnecessárias.

- Número de meses de despesas para cobrir: _____
- Total gasto nos últimos _____ meses: _____
- Objetivo para fundo de emergência: _____

✧ Se você poupar 10% de sua renda por mês, quantos meses levará para financiar totalmente sua conta poupança de emergência?

- Renda mensal: _____ × 0,10 = _____
- Meta para fundo de emergência: _____ ÷ economias mensais: _____ = _____.
  Esse é o número de meses que você levará para financiar totalmente sua conta poupança de emergência se economizar 10% de sua renda.

✧ Determine três ações que você pode implementar nesta semana para cultivar o hábito de poupar, e comprometa-se com elas.

_____

_____

_____

**66**

Pessoas ricas adquirem ativos.
Os pobres e a classe média
adquirem passivos que eles
acham que são ativos.

**99**

– Robert Kiyosaki, *Pai rico, pai pobre*

CAPÍTULO 7

# ATIVOS: NEM TODOS SÃO CRIADOS IGUAIS

Após você construir um fundo de poupança de emergência que possa cobrir de três a seis meses de suas despesas básicas de vida, o passo seguinte é começar a investir, ou comprar ativos que possam trazer algum tipo de benefício futuro. O próximo capítulo abrange o básico do investimento, mas primeiro é importante entender as duas formas pelas quais o "benefício futuro" pode ser interpretado.

Enquanto alguns indivíduos se concentram no prazer que as compras materiais trazem, esperando que seus ativos gerem lucro suficiente em sua venda, outros investem seu dinheiro em ativos que fornecem retornos na forma de ganhos de capital ou pagamentos de renda. O primeiro pode fornecer a aparência de riqueza – carros chiques, casas luxuosas, roupas bonitas – mas lembre-se de que as aparências podem enganar. Se todo o seu dinheiro está concentrado em bens materiais, é provável que você não tenha dinheiro suficiente que esteja ativamente construindo riquezas para você e que possa ser transformado em dinheiro rapidamente e sem perdas significativas no caso de precisar de liquidez.

## AS APARÊNCIAS ENGANAM

Henry (não é seu verdadeiro nome) tinha todas as aparências de uma pessoa rica. Depois de vender sua companhia de carvão, Henry decidiu viver a boa vida. No entanto, embora ele tivesse um patrimônio líquido de pouco mais de US$ 3 milhões, rapidamente se viu com pouco dinheiro.

Ele pediu um empréstimo bancário e, ao revisar seus registros financeiros com o agente de empréstimos, Henry descobriu que tinha um problema. Enquanto operava a empresa de carvão, Henry tinha uma excelente renda e levava um estilo de vida luxuoso. Entre as compras de Henry estavam uma casa que custava quase US$ 750 mil, um apartamento em um campo de golfe que custava quase US$ 400 mil, um *motorhome* que custava mais de US$ 100 mil, relógios caros, um automóvel de luxo e um barco caro. Qualquer um que conhecesse Henry teria pensado, com base em seu estilo de vida, que ele era um homem de sucesso, rico.

O problema de Henry era que seu patrimônio líquido estava concentrado em ativos não rentáveis. Deixe-me explicar. Compras como sua casa, casas secundárias ou terciárias, carros e joias não fornecem uma renda regular até que sejam vendidas. Desde o momento em que são adquiridos até o momento em que são vendidos, seus fundos estão concentrados nesses ativos que poderiam ter sido usados para investimentos que produzem uma renda regular. Além disso, os bens pessoais raramente geram ganhos. Na verdade, no caso de o proprietário ficar com pouco dinheiro e ter que vender um ativo não rentável rapidamente, pode perder quantias significativas no investimento. Casas podem ser um bom investimento, mas, no caso de Henry, ele construiu uma casa principal que era duas ou três vezes o custo médio de uma casa em seu bairro, o que normalmente não é bom para o valor de mercado quando chega a hora de vendê-la. Henry até descobriu que um investimento que tinha feito em ouro quando este valia mais de US$ 800 tinha diminuído para US$ 400. Todos os seus investimentos não rentáveis, na verdade, valiam menos do que ele pagou por eles.

Quando Henry chegou à idade em que sua saúde o impedia de trabalhar e se tornou dependente da Previdência Social, foi forçado a se mudar para uma habitação pública. É claro que Henry não planejava que os últimos anos de sua vida fossem uma tragédia. Não, Henry não planejou coisa alguma. Se ele tivesse gastado mais dinheiro em ativos rentáveis e menos em seus brinquedos, teria tido uma renda de que tanto precisava em seus últimos anos.

> **A maioria das pessoas sofre financeiramente porque possui muito dinheiro fluindo para fora – e bem pouco fluindo para dentro.**
>
> – Robert Kiyosaki

Floyd (também não é seu nome verdadeiro) era um parceiro de Henry nas minas de carvão, mas tomou um caminho muito diferente com suas finanças. Floyd gastou cerca de US$ 100 mil para expandir e melhorar sua casa de preço razoável. Ele dirigia um carro de preço médio. Não tinha adornos luxuosos para exibir, mas a aparência engana, pois ele era muito rico de maneiras mais importantes para a segurança financeira.

No início, Floyd pegou seu dinheiro e o colocou no banco, onde estava seguro, e deixou parte do dinheiro em prazos mais longos em certificados de depósito bancário (CDBs). Floyd começou a fazer perguntas e aprendeu a aumentar seus certificados de curto prazo para cinco anos. Quando as taxas estavam altas, investir no longo prazo podia ser tentador; mas Floyd aprendeu que se todo o seu dinheiro estivesse investido no longo prazo e ele precisasse de fundos, a taxa de resgate seria enorme e ele perderia parte do dinheiro. A utilização da estratégia *ladder* significava que ele os depositava em intervalos de seis meses até cinco anos. Os certificados de depósito de curto prazo cobram apenas uma pequena taxa de resgate, algo que lhe dava mais liquidez, o que significa que ele tinha dinheiro disponível para acessar facilmente em uma emergência.

## O PATRIMÔNIO LÍQUIDO CONTA APENAS UMA HISTÓRIA PARCIAL

Na escola, você provavelmente ouviu o termo "patrimônio líquido". Usado na contabilidade, refere-se ao resultado da soma de todos os seus ativos e da subtração de seus passivos. Ou seja, isso significa o que você possui menos o que deve. Para calcular esse número corretamente, você precisa pesquisar o atual valor de seus ativos, em vez de usar os preços de compra. Alguns ativos que devem ser levados em consideração incluem: a sua casa, automóveis, dinheiro, certificados de depósito, ações, títulos, fundos mútuos, ETFs e qualquer propriedade pessoal que possa ser vendida. Os passivos que devem ser levados em consideração incluem: o valor que você deve em sua(s) hipoteca(s), saldos remanescentes em quaisquer empréstimos (carro, empréstimo estudantil, pessoal etc.), dívida de cartão de crédito e qualquer outra dívida pessoal. Se você tem um patrimônio líquido positivo, isso significa que seus ativos excedem seus passivos. Se, por outro lado, seu patrimônio líquido for um número negativo, então seus passivos excedem seus ativos, e você deve mais do que ganha.

Aqui estão dois exemplos de estudos de patrimônio líquido que abrangem um período de vinte anos. Os ativos e passivos dizem muito mais sobre os dois ex-sócios, ambos com cerca de US$ 2 milhões cada, da venda de seus negócios.

| Ativos | Henry | Floyd |
|---|---|---|
| Dinheiro (incluindo CDBs) | US$ 50 mil | US$ 400 mil |
| Ações & títulos | 0 | US$ 800 mil |
| Residência principal | US$ 950 mil | US$ 400 mil |
| Segunda casa | US$ 400 mil | Apartamentos US$ 900 mil Propriedade para locação |
| Propriedade pessoal | US$ 400 mil | US$ 100 mil |
| **Total de ativos** | **US$ 1,8 milhão** | **US$ 2,6 milhões** |

| Passivos | Henry | Floyd |
|---|---|---|
| Hipoteca da residência principal | US$ 450 mil | US$ 400 mil |
| Hipoteca da residência secundária | US$ 200 mil | 0 |
| Dívida pessoal | US$ 150 mil | 0 |
| **Total de passivos** | **US$ 800 mil** | **US$ 400 mil** |

| Patrimônio Líquido | US$ 1 milhão | US$ 2,2 milhões |
|---|---|---|

Como você pode ver, Henry colocou a maior parte de seu dinheiro em ativos não rentáveis, incluindo uma casa muito cara considerando sua situação financeira. Seus bens não rentáveis, como sua casa de férias e seus bens pessoais, provavelmente dariam um retorno muito menor do que o que ele pagou por eles se fosse forçado a vendê-los em cima da hora. Assim, embora o patrimônio líquido de Henry fosse de US$ 1 milhão, uma quantia muito boa, a maior parte dela estava atrelada a ativos que não estavam gerando ganhos – o que explica a diferença entre seu patrimônio líquido final e o de Floyd – e não poderiam ser facilmente transformados em dinheiro quando necessário. Isso forçou Henry a vender seus bens não rentáveis durante certo período, o que o levou a experimentar uma mudança drástica em seu estilo de vida. Ainda que um dia ele tenha desfrutado de seus itens de luxo e brinquedos, hoje vive com uma aposentadoria baixa em um local subsidiado pelo governo. Se pudéssemos ouvir o diálogo interno de Henry, ele provavelmente estaria dizendo: "Se eu tivesse...".

Enquanto Henry era consumido por seus "brinquedos", Floyd continuou a se educar para que pudesse gerenciar bem suas finanças e investir em seu futuro. Lembre-se, Henry e Floyd começaram com a mesma quantidade de dinheiro, mas seus caminhos tomaram cursos drasticamente diferentes com base nas escolhas que fizeram com esse dinheiro. A lição aqui é que nem todos os ativos são criados da mesma forma. Se você gastar a maior parte do seu dinheiro em ativos não rentáveis, não terá um fluxo de renda para quando não for mais capaz de ganhar um salário. Por outro lado, se você investir seu dinheiro em ativos que geram renda diretamente, como ações que retornam dividendos, títulos e certificados de depósito que pagam juros, imóveis que trazem renda por meio de aluguéis e propriedade intelectual que gera taxas de licenciamento; então, você pode gerar riquezas para se proteger de um dia futuro em que não poderá trabalhar.

## A IMPORTÂNCIA DE UM FLUXO DE RENDA

Em *O homem mais rico da Babilônia*, George Clason ensina a importância de garantir um fluxo de renda futuro por meio de investimentos inteligentes: "a riqueza de um homem não está nas moedas que carrega em sua bolsa, mas sim na renda que ele constrói, o fluxo dourado que continuamente flui em sua bolsa e a mantém sempre volumosa. Isso é o que todo homem deseja. Isto é o que vocês, cada um de vocês, deseja: uma renda que continua chegando, esteja você trabalhando ou viajando". Os verdadeiros ativos geram renda, garantindo e protegendo a continuidade desse fluxo dourado de riqueza que irá sustentá-lo quando você não puder mais trabalhar, ou optar por parar.

Robert Kiyosaki, autor de *Pai rico, pai pobre*, acredita que indivíduos de classe média permanecem na classe média porque confundem passivos com ativos e gastam seu dinheiro em compras que absorvem dinheiro em vez de gerá-lo. De acordo com sua definição, um ativo é algo que "tem valor, produz renda ou valoriza e tem um mercado imediato". O teste, que ele recomenda para determinar quais bens são ativos e quais são passivos, é se perguntar: "Se você parasse de trabalhar, o que geraria dinheiro e o que gastaria dinheiro?".

Para se tornar rico, Kiyosaki recomenda mudar de um foco no salário para um foco no fluxo de dinheiro, ou na direção em que seu dinheiro se move. Se o seu dinheiro está essencialmente fluindo para uma conta, um negócio ou um investimento, então o patrimônio em questão é de fato um passivo. Por outro lado, se o dinheiro está fluindo de uma conta, um negócio ou um investimento, então o patrimônio está produzindo riqueza e permitindo que você fique mais rico. O retorno que você recebe de um bem deve ser maior do que quaisquer despesas associadas a ele, por isso não deixe de considerar os custos ao determinar a direção final para a qual seu dinheiro está fluindo.

> A riqueza de um homem não está na bolsa que ele carrega. Uma bolsa cheia esvazia rapidamente se não houver um fluxo dourado para enchê-la.
>
> – George S. Clason

Henry achou que seu salário alto e um grande patrimônio líquido se transformariam em uma segurança financeira na velhice, mas estava errado. Os seus tão queridos bens não estavam valorizados nem tinham um mercado pronto disposto a pagar tanto quanto Henry havia pagado originalmente por eles. Se tivesse distinguido melhor ativos de passivos, ele teria descoberto que sua riqueza não era nada além de uma ilusão, ocultando a pequena lacuna que estava entre ele e a habitação pública. Não há nada de errado com habitação pública para aqueles que não podem arcar com algo diferente, mas é um local triste para viver seus últimos dias se você já teve mais de US$ 1 milhão.

Os ricos ficam mais ricos porque compram bens que geram riqueza. Essas posses trabalham para eles para que não tenham que trabalhar até a morte. Seus patrimônios servem como prova de sua sabedoria financeira e visão de longo prazo. Que história seus bens contariam sobre você e como você lida com o dinheiro?

# O SEU MAIOR ATIVO

Além dos ativos materiais e monetários, existem ativos intangíveis que continuam a trazer retornos se você os gerenciar bem – aqueles que são cruciais para o seu sucesso final. Se você não os possuir, nenhuma quantidade de dinheiro que acumular lhe trará paz de espírito, e você provavelmente não irá reter o dinheiro que ganhar.

O seu maior ativo é sua mente – que pode transformar seu desejo em realidade material se você definir nela o seu foco, aplicar fé e organizar seus conhecimentos em planos práticos de ação. A sua mentalidade dita seu resultado na vida. Se você é consumido pelo medo e pelas emoções negativas, não será capaz de aproveitar seu desejo de criar sucesso. Se, por outro lado, sua mentalidade é caracterizada por definição e autoconfiança, então você é rico em reservas mentais que pagarão grandes dividendos em termos de oportunidades. Napoleon Hill recomenda fazer um inventário de ativos e passivos mentais para determinar se você tem um patrimônio líquido mental positivo ou negativo. Um patrimônio líquido mental positivo garante que você se valorizará ao longo do tempo, e seu valor aumentado atrairá cooperação e apoio de outros.

> **O investimento mais importante que você pode fazer é em si mesmo. Poucas pessoas conseguem algo como o seu potencial convertido na potência real de sua produção na vida.**
>
> – Warren Buffett

Outros ativos intangíveis que podem ser aproveitados para gerar riquezas incluem tempo e fracasso. Cada pessoa, independentemente de sua situação financeira, tem a mesma quantidade de tempo em um dia que a outra. Como Hill diz: "Não importa se você é rico ou pobre, você tem um ativo tão importante quanto o homem mais rico vivo – e isso é o TEMPO". Indivíduos bem-sucedidos maximizam seu tempo para que tenham um propósito em sua agenda. Eles não procrastinam e adiam até amanhã o que podem fazer hoje. Eles não deixam que a insegurança os impeça de agir para realizar seus sonhos. Ademais, eles não deixam que o fracasso os atrapalhe no caminho para o sucesso. Eles reconhecem que as aflições, vistas da maneira correta, são ativos também, porque dentro de cada falha está a semente da oportunidade.

Para ter sucesso, além de investir em ativos que gerem renda, você deve investir em si mesmo. A sua mente possui a chave para a criação de grandes riquezas, então trate-a como o ativo que ela é. Cultive as emoções positivas da autoconfiança, da fé e do desejo; desenvolva a qualidade da iniciativa pessoal; aprenda a reformular a derrota temporária como uma oportunidade de crescimento, e você obterá impulso e propósito em sua jornada de construção de riquezas.

## REVISÃO PARA RIQUEZAS

- Um investimento é uma compra que deverá trazer algum tipo de benefício futuro.
- Um bem não rentável é um investimento que não fornece renda regular até que seja vendido. Exemplos incluem casas (sem incluir imóveis alugados), automóveis, joias e outros bens pessoais.
- Um ativo paga dividendos na forma de ganho de capitais ou pagamentos. Os exemplos incluem ações que pagam dividendos, títulos e certificados de depósito que retornam juros, imóveis que trazem renda de aluguel e propriedade intelectual que gera taxas de licenciamento.
- Os ativos que geram dividendos são preferíveis aos ativos que não geram dividendos, porque eles:
  - Geram uma renda regular ou valorizam o valor em vez de absorver ou perder dinheiro.
  - Geralmente podem ser liquidados facilmente e sem perda financeira significativa.
  - Garantem um fluxo de renda no futuro, quando você não estiver mais apto a trabalhar.
- O seu patrimônio líquido é determinado pela soma do valor atual de todos os seus ativos descontando os seus passivos. Se o seu patrimônio líquido for positivo, significa que seus ativos excedem seus passivos. Se o seu patrimônio líquido for negati-

vo, significa que seus passivos excedem seus ativos e você deve mais do que ganha.

- ✧ O patrimônio líquido é uma medida útil para determinar a saúde financeira, porém ele não é capaz de revelar toda a realidade: ativos que geram dividendos são mais importantes para a segurança financeira do que os que não geram.
- ✧ Avalie a direção do seu fluxo de dinheiro para observar se um investimento é realmente um ativo ou se é um passivo. Se o dinheiro está fluindo para ele, em vez de fluir dele, então é um passivo que você pode ter confundido com um ativo.
- ✧ Além dos ativos materiais, existem ativos intangíveis cruciais para o seu sucesso:
  - A sua mentalidade
  - Tempo
  - Fracasso

## O SEU GRANDE PLANO MILIONÁRIO

- ✧ Escreva uma lista de todos os seus ativos. Em seguida, analise-os de acordo com o fluxo de dinheiro: quais geram renda e quais não (ou pior: gastam mais dinheiro do que produzem)? Elimine qualquer ativo que, na verdade, seja passivo disfarçado.

\rule{6cm}{0.4pt}
\rule{6cm}{0.4pt}
\rule{6cm}{0.4pt}
\rule{6cm}{0.4pt}
\rule{6cm}{0.4pt}
\rule{6cm}{0.4pt}

✦ Calcule seu patrimônio líquido somando todos os seus ativos e subtraindo seus passivos desse valor. O número resultante surpreende você? Por que ou por que não?

_____

_____

_____

_____

_____

✦ Se você ainda não fez isso, identifique o patrimônio líquido que gostaria de ter em cinco anos... dez anos... vinte anos... e assim por diante.

_____

_____

_____

_____

_____

✦ Determine três passos que você pode dar neste ano para construir seu patrimônio líquido por meio de ativos geradores de renda e se comprometa a dar esses passos.

_____

_____

_____

_____

_____

_____

✧ Napoleon Hill recomenda fazer um inventário de ativos e passivos mentais para determinar se você tem um patrimônio líquido mental positivo ou negativo. Um patrimônio líquido mental positivo garante que você se valorizará ao longo do tempo, e seu valor aumentado atrairá a cooperação e o apoio de outras pessoas. Faça um inventário de seus ativos e passivos mentais identificando quais características mentais, qualidades, ideias, pensamentos e emoções aumentam seu valor e quais o diminuem. Você tem um patrimônio mental positivo ou negativo?

---

✧ Identifique três ações que você pode implementar neste ano para aumentar seu patrimônio líquido mental e se comprometa com elas.

> **Coloque cada moeda para trabalhar para que ela possa se reproduzir, assim como os rebanhos do campo, e ajudar a trazer para você renda – um fluxo de riqueza que deve fluir constantemente em sua bolsa.**
>
> – George S. Clason,
> *O homem mais rico da Babilônia*

## CAPÍTULO 8

# INVESTIMENTOS: GERE RIQUEZAS COMO UM MILIONÁRIO

É fácil pensar: "Eu vou ser cauteloso e depositar todo o meu dinheiro em vez de investi-lo no mercado de ações ou em outro veículo de investimento". No entanto, isso seria um tremendo erro. Se você economizar uma porcentagem de sua renda de forma consistente, gradualmente construirá riquezas. Entretanto, seus ganhos serão mínimos, e o poder de suas economias será diminuído pela inflação. Como diz o investidor Warren Buffett: "Hoje, as pessoas que possuem equivalentes de caixa se sentem confortáveis. Elas não deveriam. Elas optaram por um ativo terrível de longo prazo, que não paga praticamente nada e com certeza irá se desvalorizar".

Com o tempo, os preços de bens e serviços aumentam, o que significa que o dinheiro que você tem agora será capaz de comprar menos desses bens e serviços no futuro. Para superar a inflação e aumentar seu dinheiro mais rapidamente, você tem que aprender a fazê-lo trabalhar para você. Como Arkad aconselha seus ouvintes em *O homem mais rico da Babilônia*: "Aprenda a fazer o seu tesouro trabalhar para você. Faça dele seu escravo. Faça os filhos dele e os filhos desses filhos trabalharem para você". É essencial aprender a investir corretamente para que você tenha segurança financeira no futuro.

Investir implica compra de ativos que geram renda por meio de ganhos de capital ou pagamentos. Neste capítulo, abordaremos os tipos mais comuns de investimentos, mas primeiro é importante traçar uma filosofia geral de investimento:

1. Saiba o seu "porquê".
2. Aceite conselhos sábios, não opiniões.
3. Invista no que você entende.
4. Diversifique seus investimentos.
5. Reinvista dividendos.
6. Mantenha o curso.

## SAIBA O SEU "PORQUÊ"

Em primeiro lugar, é crucial identificar e corrigir em sua mente a força motriz por trás de seus investimentos. Pergunte a si mesmo: "Qual é o propósito principal por trás dos meus investimentos? Para que propósito pretendo usar esses fundos?". Como abordaremos adiante neste capítulo, investimentos não são meios de curto prazo para construir riquezas rapidamente. Eles geram dinheiro ou se valorizam ao longo do tempo. Em *My Own Story*, o financista americano Bernard Baruch relata o fato de muitas pessoas pedirem a ele dicas sobre investimentos "quentes" – coisas capazes de lhes render dinheiro em um ritmo rápido e com muito pouco esforço. Ele compara esse impulso com os tempos medievais, quando os alquimistas perderam tempo procurando uma maneira mágica de transformar metais comuns em ouro. Como não há um método seguro para gerar retornos sobre investimentos de forma rápida e fácil, planeje usar o dinheiro criado por seus investimentos para objetivos maiores, como: amortizar o pagamento de um financiamento habitacional, ser capaz de ajudar na educação universitária de seus filhos e gerar dinheiro suficiente para se aposentar. O seu "porquê" deve ser significativo o bastante para mantê-lo estável em seus investimentos, garantindo que você contribua para eles de forma consistente e que não seja tentado a liquidá-los antes da hora.

## ACEITE CONSELHOS SÁBIOS, NÃO OPINIÕES

Para o investidor comum, buscar orientação sobre como gerenciar melhor os investimentos pode ser benéfico. Porém, o mercado financeiro é caracterizado por muito barulho e pouca substância. É crucial comparar qualquer conselho que você receba com os resultados do seu próprio estudo para determinar por si mesmo o melhor a fazer.

Em *O homem mais rico da Babilônia*, o rico investidor Arkad compartilha uma lição dolorosa que aprendeu sobre a importância de avaliar os conselhos financeiros que se recebe, agindo apenas com conselhos sábios em vez de conselhos pouco fundamentados. Azmur, o fabricante de tijolos, está planejando viajar para a terra dos fenícios e convida Arkad para se juntar a ele em um investimento de joias raras fenícias. Todavia, os fenícios enganam Azmur, vendendo-lhe pedaços de vidro sem valor em vez das joias que prometeram. Infelizmente, como Azmur é um fabricante de tijolos, não sabe o suficiente sobre joias para identificar as falsificações. O resultado é que tanto Azmur quanto Arkad perdem o dinheiro que investiram e necessitam começar do zero com seus investimentos. Arkad resume a lição da seguinte forma: "Aquele que aceita conselhos sobre suas economias de alguém inexperiente em tais assuntos pagará com suas próprias economias para provar a falsidade dessas opiniões".

> **Conselho é uma coisa que livremente se dá, mas tenha cuidado para aceitar apenas o que vale a pena.**
>
> – George S. Clason

Até mesmo consultores financeiros profissionais podem fornecer informações imprecisas, então você deve pesquisar as sugestões deles e consultar outros especialistas para garantir que suas recomendações sejam acertadas. Na década de 1970, eu fui contratado por um banco comunitário como vice-presidente. O preço do ouro estava subindo constantemente naquela época, e muitos dos meus clientes recebiam conselhos financeiros de alguém para sacar seus fundos e comprar ouro. Diziam a eles que não havia como perder e esperavam que o preço do ouro superasse US$ 2 mil por onça. Contudo, essa decisão financeira acabou se mostrando muito tola. O preço do ouro atingiu US$ 875 por onça e depois caiu para cerca de US$ 300 por onça. Em vez de estudar a história do preço do ouro, esses clientes decidiram seguir conselhos de outra pessoa. Infelizmente, foi um mau conselho. Embora o preço do ouro hoje seja muito mais alto, levou cerca de trinta anos para ir da baixa de US$ 380 em 1990 para cerca de US$ 1,8 mil por onça.

Você deve avaliar o grau de risco envolvido em qualquer investimento e tomar sua decisão depois de receber conselhos de especialistas, além de realizar também sua própria pesquisa. Você decide, e mais ninguém. Você precisa perceber que a pessoa que vende ouro quer vender ouro porque é assim que ela ganha a vida. A sua instrução deveria lhe dizer que o ouro que você ou qualquer outra pessoa compra não renderá nada nessa compra até que ele seja vendido. Se você não comprar nada além de ouro com o seu dinheiro, está correndo um risco e deixando alguém convencê-lo de que ele vai ser valorizado. Pode valorizar, mas também pode não acontecer – e quando você precisar vendê-lo, pode valer muito menos do que o seu preço de compra. A mesma regra se aplica a outros investimentos: não confie na palavra de outra pessoa para atestar a viabilidade de um investimento; tenha você mesmo o trabalho de verificar a solidez do conselho.

## INVISTA APENAS NO QUE VOCÊ ENTENDE

Muito arrependimento pode ser evitado na hora de investir comprando apenas ativos que você entende. Se uma oportunidade de investimento é muito complexa para você entender os detalhes, então não é um bom investimento no seu caso. Você não só será forçado a confiar no conselho da pessoa ou empresa que sugeriu isso, mas também será menos capaz de gerenciá-lo corretamente. Além disso, os investimentos mais complexos são, muitas vezes, os mais arriscados. Se sua estratégia de investimento é consistente e historicamente comprovada, você provavelmente está investindo direito. Como Warren Buffett adverte: "Cuidado com a atividade de investimento que produz aplausos, as grandes jogadas geralmente são recebidas com bocejos".

Quando você está pensando no que investir, deve primeiro avaliar o seu nível de compreensão dos diferentes setores e tipos de ativos. Os primeiros investidores de Apple, Google e Microsoft fizeram uma fortuna, mas, se você não soubesse nada sobre ações de tecnologia, poderia facilmente ter investido em uma das ações mais bem avaliadas das empresas de tecnologia que faliram.

"Compre apenas o que você entende" é o principal mandamento de investimento recomendado por Peter Lynch, que construiu um dos maiores fundos mútuos do mundo. Ele admite que muitas de suas ideias lucrativas sobre ações lhe ocorreram enquanto estava fazendo compras ou tendo conversas casuais com amigos e familiares. Quando você estiver realizando sua rotina diária, reflita sobre as oportunidades de investimento que surgem em sua mente. O desempenho do mercado de ações reflete o comportamento do consumidor, de modo que, como consumidor, você já é um especialista em quais produtos e empresas podem ter longevidade e potencial de crescimento. Claro, você tem que combinar qualquer ideia ou influência com a pesquisa adequada sobre seus retornos prospectivos. Por exemplo, há muitos anos, eu comi em um restaurante chamado Cracker Barrel e fiquei impressionado com a comida, o serviço e a localização, então comecei a estudar a empresa. As informações estão prontamente disponíveis quanto a histórico de crescimento, rendimento, dividendos, preço das ações e preço das ações da empresa como um múltiplo de ganhos.

Enquanto você está estudando cada ação, pode descobrir se eles permitem reinvestimento de dividendos, o que significa que, se você escolher, pode permitir que seus dividendos fiquem com a empresa e comprem mais ações. Além disso, muitas empresas possibilitam que você compre diretamente, evitando taxas de corretagem. Algumas empresas deixam que você faça compras diretamente assim que se torna um acionista. Outras empresas, como a AT&T, permitem que você faça sua primeira compra com elas por uma pequena taxa e, em seguida, deixam você continuar comprando diretamente. Uma vez que você tenha estudado os fatores, é sua responsabilidade tomar uma decisão embasada.

> **Compre uma ação do jeito que você compraria uma casa. Entenda e goste dela tanto quanto você estaria contente em possuí-la na ausência de qualquer mercado.**
>
> – Warren Buffett

Em geral, investir em ações de uma só empresa é mais arriscado do que investir em fundos mútuos ou fundos de índice, que mitigam o risco comprando participações em uma grande compilação de ações. Fundos mútuos são coleções, gerenciadas profissionalmente, de uma ampla gama de títulos, como ações. Por serem gerenciados profissionalmente, podem incorrer em taxas de administração mais altas, mas oferecem o benefício de terem desempenho e diversificação cuidadosamente monitorados. Os fundos de índice são portfólios compostos por ações e títulos que servem para espelhar o desempenho de um índice do mercado financeiro. Esses portfólios podem acompanhar grandes ações do país, pequenas ações do país, ações internacionais ou títulos, ou podem rastrear outros tipos de índices setoriais, como aqueles associados a indústrias, países ou estilos de investimento específicos (por exemplo, índices que favorecem ações com preços acessíveis). Os fundos de índice mais populares estão associados ao S&P 500, como o Vanguard 500 Index Fund. Os fundos de índice normalmente são investimentos mais baratos do que os fundos mútuos porque são gerenciados passivamente. Embora os fundos de índices prometam bons retornos históricos, a desvantagem de usá-los é que você geralmente não pode exceder o desempenho do mercado.

Uma opção entre ações e fundos mútuos são os fundos negociados (ETFs), que são negociados em uma bolsa como ações, mas oferecem a diversificação característica de fundos mútuos, uma vez que você está comprando uma coleção de ativos. Os fundos mútuos, em contraste com ações e ETFs, definem seu preço no final do dia da negociação. Os ETFs normalmente têm taxas mais baixas do que as dos fundos mútuos porque geralmente são gerenciados passivamente e tributados após sua venda, em vez de serem tributados durante o período de investimento, como ocorre com um fundo mútuo. No entanto, seu nível de risco pode variar.

Certificados de depósito (CDBs) e títulos são opções de menor risco, mas seus retornos não correspondem aos de investimentos de mercado. Um CDB é um mecanismo de poupança que lhe permite ganhar juros compostos em um saldo que você concorda em não tocar por determinado período. Você pode escolher entre CDB de curto e longo prazo; de qualquer forma, seu ganho provavelmente superará o das contas tradicionais de poupança de alto rendimento. Como mencionado em um capítulo anterior, uma estratégia de investimento eficaz com CDBs é chamada de *laddering*, que permite mitigar o risco de taxas de juros variáveis. Um *ladder* (escada) de CDB é criado quando o investidor divide uma quantia em partes iguais e investe cada parte em um CDB que vence um ano depois do anterior. Por exemplo, se você tivesse um investimento inicial de US$ 20 mil, poderia investir US$ 5 mil em CDB de um ano, dois anos, três anos e quatro anos. Quando um CDB se desenvolve, o objetivo é reinvestir o principal e os juros obtidos em um CDB que vence um ano depois do último CDB.

Um título é como um empréstimo feito por um investidor para uma entidade de empréstimo, como um governo ou uma corporação. Se você tem um título, tem a dívida de um mutuário. Os títulos estabelecem uma data definida quando o principal do empréstimo será reembolsado mais os juros, que podem ser fixos ou variáveis dependendo do acordo. As ações também podem se tornar títulos quando negociadas no mercado, por isso não é incomum ver títulos nos grupos de ativos de fundos mútuos, fundos de índice e ETFs. Porém, há a possiblidade de que a organização que pegou o empréstimo fique inadimplente em seus títulos; nesse caso, você não receberá seu principal de volta. Os preços dos títulos também flutuam com base nas taxas de juros e prometem retornos históricos mais baixos do que os produtos de ações.

Muitas pessoas gostam de investir em moeda porque valorizam sua materialidade, embora essa lógica tenha diminuído com moedas digitais, também chamadas de "criptomoedas". No entanto, seu valor não é tão estável como as pessoas gostam de acreditar. A moeda vale apenas o que outra pessoa está disposta a pagar por ela, o que pode variar muito dependendo do clima econômico. Ao contrário das ações, as moedas não geram dividendos nem ganham juros como produtos de poupança. O valor é mantido inteiramente no item, e não no potencial do item de produzir algo (como uma ação, que conta com o crescimento futuro e a inovação de uma empresa).

> **Quanto mais complexo é um investimento, menor a probabilidade de ser lucrativo.**
>
> – J. L. Collins

Para quem tem uma grande quantia inicial para investir, um veículo de investimento popular é o imobiliário, que pode gerar maiores retornos em períodos mais curtos do que os investimentos de mercado. O investimento imobiliário envolve compra, manutenção, venda e/ou aluguel de terrenos e/ou bens físicos com fins lucrativos. Com exceção das quedas do mercado imobiliário, a tendência é o aumento do valor (e os mercados historicamente sempre se recuperaram), então se você segurar o imóvel tempo suficiente para deixá-lo valorizar antes de vender, tem um potencial maior de lucro. Outrossim, se você comprar imóveis para alugar, pode obter renda regular com pagamentos de locatários, o que pode permitir que você adquira imóveis adicionais e aumente seu lucro.

Estude o mercado. Você pode ler e ouvir os outros, mas, com toda a informação reunida, cabe a você determinar o risco que deseja correr dado o objetivo de investimento que tem em mente. A seguir, um guia simplificado para alguns tipos de investimento.

| Tipo de investimento | Definição | Prós | Contras |
|---|---|---|---|
| Ação individual | Uma parte das ações compradas de uma empresa individual | • Potencial para altos retornos em períodos mais curtos<br><br>• Livre comércio com a maioria dos corretores e taxas reduzidas, se você puder comprar diretamente da empresa<br><br>• Clareza sobre o produto de investimento<br><br>• Controle sobre ganhos e perdas (e, portanto, impostos) porque o investidor determina o momento da venda | • Sem retorno garantido<br><br>• Risco de perda dada a dificuldade de escolher as "melhores" ações<br><br>• A gestão do portfólio pode exigir muito tempo<br><br>• Tentação de negociar com base na emoção |

| Tipo de investimento | Definição | Prós | Contras |
|---|---|---|---|
| Fundo mútuo | Uma coleção de ativos gerenciados ativamente (ações e títulos) | • Potencial para altos retornos durante um longo período<br><br>• Os fundos são ativamente gerenciados por profissionais de investimento | • Sem retorno garantido<br><br>• Normalmente tem taxas mais altas do que as de fundos de índice e ETFs<br><br>• O fundo determina ganhos e perdas |
| Fundo de índice | Um índice de ativos gerenciado passivamente (ações e títulos) que acompanha o desempenho de um setor | • Potencial para altos retornos durante um longo período<br><br>• Pode ter taxas de gestão menores do que as dos fundos mútuos | • Sem retorno garantido<br><br>• Geralmente não pode exceder o crescimento do mercado<br><br>• O fundo determina ganhos e perdas |
| Fundos de investimentos negociados em bolsa<br><br>(ETF) | Uma cesta de ativos (ações e títulos) que podem ser negociados como ações; gerenciamento passivo | • Potencial para altos retornos durante um longo período<br><br>• Pode ser mais fácil de negociar do que fundos mútuos e fundos de índice<br><br>• Taxas de gestão normalmente menores do que as dos fundos mútuos | • Sem retorno garantido<br><br>• Potencialmente mais arriscado do que fundos mútuos e fundos de índice<br><br>• O fundo determina ganhos e perdas<br><br>• Pode haver taxas de corretagem mais altas |

| Tipo de investimento | Definição | Prós | Contras |
|---|---|---|---|
| Fundo do mercado monetário (diferente de uma conta de mercado monetário) | Um tipo de fundo mútuo que investe em instrumentos de curto prazo, como dinheiro, títulos equivalentes a dinheiro e títulos baseados em dívida com prazos de vencimento curtos | • Mais liquidez<br>• Menos risco | • Pode produzir rendimento menor do que ações, fundos de índice e fundos mútuos |
| Certificado de Depósito Bancário (CDB) | Um produto de poupança que mantém uma quantia por um período fixo, em troca do qual o banco emissor paga juros compostos sobre o saldo | • Baixo risco: seguro federal no Brasil de até R$250 mil<br>• Retornos fixos<br>• Recebe juros compostos<br>• Opções de curto e longo prazos (*laddering* para maximizar os ganhos) | • Sujeito a multa de saque antecipado se fundos forem retirados antes da conclusão do termo do CDB<br>• Não necessariamente supera a inflação<br>• Retornos menores do que os investimentos de mercado |

| Tipo de investimento | Definição | Prós | Contras |
|---|---|---|---|
| Título | Um empréstimo feito por um investidor a um mutuário (como um governo ou uma empresa) | • Os preços flutuam menos drasticamente do que os das ações<br><br>• Tende a ser de baixo risco: garantia de receber principal mais juros, a menos que o tomador de crédito fique inadimplente<br><br>• Normalmente, gera juros mais altos do que uma poupança de alto rendimento | • Os preços dos títulos caem quando as taxas de juros sobem, o que impacta especialmente os títulos de longo prazo<br><br>• Potencial de que a entidade tomadora de empréstimo fique inadimplente<br><br>• Pode ter retornos menores do que os investimentos de mercado |
| Moeda | Uma compra de metal, papel ou moeda digital | • Normalmente tem alta liquidez | • Tende a ser arriscado durante tempos de economia volátil<br><br>• Não paga juros ou dividendos |
| Imóveis | Compra, manutenção, possivelmente aluguel e potencialmente venda de imóveis (propriedade física e/ou terrenos) | • Para imóveis alugados, renda regular de locatários<br><br>• Oportunidade de lucro com aumento nos valores de imóveis/terrenos<br><br>• Diversificação | • Pode ser arriscado se os investidores estiverem se alavancando por meio de endividamento para a compra de imóveis<br><br>• Os custos de manutenção e conservação precisam ser considerados |

## DIVERSIFIQUE SEUS INVESTIMENTOS

Uma carteira diversificada de ativos é o caminho mais seguro e certo para a riqueza de longo prazo. Como Warren Buffett aconselha: "Não coloque todos os seus ovos em uma cesta". A menos que você esteja investindo apenas em fundos mútuos, fundos de índice e ETFs, se você colocar todo o seu dinheiro em um veículo de investimento (digamos, ações individuais ou títulos), seu sucesso estará à mercê de seu desempenho. Se você equilibrar sua abordagem investindo em diferentes classes de ativos, reduzirá seu risco geral, porque quando o valor de alguns diminui, o valor de outros aumenta.

> **Reparte com sete e ainda com oito, porque não sabes que mal sobrevirá à terra.**
>
> – Eclesiastes 11:2

As palavras acima escritas pelo Rei Salomão podem ser o melhor conselho de investimento da história. Na verdade, o Rei Salomão foi incrivelmente bem-sucedido com dinheiro. A Rainha de Sabá comentou que tudo que as mãos de Salomão tocavam prosperava. O conselho do Rei Salomão é muito bom: dividir seu dinheiro é importante porque, embora não elimine o risco, isso o diminui.

Na extremidade oposta do espectro está Mark Twain, que supostamente disse: "Coloque todos os seus ovos em uma cesta, depois observe a cesta". Embora Twain tenha ganhado muito dinheiro, perdeu US$ 300 mil investindo em uma nova impressora, incluindo o dinheiro que sua esposa havia herdado. Twain transferiu seus direitos autorais para sua esposa antes de ir à falência. Ele acabou se recuperando financeiramente dando palestras e seguindo os conselhos financeiros de um amigo, mas suas aflições apontam para a importância de diversificar os investimentos.

As cinco classes de ativos recomendadas por especialistas financeiros para um portfólio equilibrado incluem as seguintes:

1. Ações do país para empresas de diferentes tamanhos (pequena, média e grande)
2. Títulos de renda fixa do país (títulos, CDBs e fundos do mercado monetário)
3. Ações estrangeiras para empresas em mercados desenvolvidos e emergentes
4. Títulos de renda fixa estrangeiros (títulos internacionais)
5. Investimentos alternativos (por exemplo, imóveis, moedas, colecionáveis)

Construa um portfólio robusto diversificando seus investimentos nessas cinco classes de ativos.

## REINVISTA OS DIVIDENDOS

Para aproveitar ao máximo as capacidades de construção de riqueza dos investimentos, é importante reinvestir o dinheiro que você ganha com eles em vez de gastá-lo. Arkad, o homem mais rico da Babilônia das famosas parábolas de Clason, recebe esse conselho crucial de seu mentor, Algamish. Depois que Arkad começa a investir, Algamish confere com ele, perguntando o que tem feito com os juros obtidos em seus investimentos. Arkad diz a Algamish que tem usado seus ganhos para desfrutar de boa comida e roupas finas. Ao ouvir isso, Algamish exclama: "Você come os filhos de suas economias? Então como espera que eles trabalhem para você? E como eles podem ter filhos que também vão trabalhar para você?". A lição é clara: se você gastar os juros, ganhos de capital ou dividendos obtidos, isso limita sua capacidade de fazer crescer seus investimentos.

Investimentos na forma de empréstimos ou depósitos permitem que você aumente o dinheiro mais rapidamente por meio do uso de juros compostos. Quando você faz esses tipos de investimentos, ganha juros não apenas sobre seu principal, ou sobre o seu depósito original, mas também sobre os juros acumulados de períodos de ganhos anteriores. Empréstimos, contas de poupança de alto rendimento e CDBs são veículos de investimento que geram riqueza por juros compostos. Ao escolher um desses investimentos, é importante entender a taxa de juros fixa; o rendimento percentual anual (*Annual Percentage Yield – APY*), o valor que você ganha em um ano como resultado de juros compostos; e a frequência da composição, ou a regularidade de quando os juros são adicionados ao principal (por exemplo, anual, trimestral, mensal).

Um princípio semelhante se aplica às ações se você optar por reinvestir seus ganhos de capital ou dividendos comprando mais ações com eles. Quando você adiciona seus retornos do mercado ao seu investimento original, o valor do seu investimento aumenta e os retornos sobre ele se acrescem ao longo do tempo de uma maneira semelhante à composição de juros. Embora a taxa de retorno no mercado varie, historicamente uma carteira de crescimento diversificada pode esperar retornar aproximadamente 6% a 7% ao ano. Nos últimos cem anos, o retorno médio do mercado de ações foi de cerca de 10%; no entanto, os investidores devem levar em conta a perda de 2% a 3% do poder de compra que ocorre todos os anos devido à inflação. Mas, para se beneficiar do retorno médio, você tem que manter seus títulos por um longo período.

## MANTENHA O CURSO

Não importa no que você invista; se você comprar ativos durante um período, minimizará seu risco. Você não deve deixar que as flutuações no mercado de ações o impeçam de investir e lucrar com as ações. Desde a Grande Depressão, que começou em 1929 e basicamente durou dez anos, houve pelo menos dez crises econômicas nos Estados Unidos. Todas as vezes, a economia se recupera. Há sempre um risco em investir, mas é mais arriscado não investir e esperar que seu poder aquisitivo permaneça o mesmo. A história revela que a inflação sempre impacta o poder de compra, e não há como vencer a inflação sem investir seu dinheiro.

É importante lembrar que existem várias razões pelas quais seu risco hoje não é nada parecido com o risco envolvido para quem estava no mercado em 1929. Em primeiro lugar, o governo tirou dinheiro da economia, piorando o que já estava ruim. O governo aprendeu com essa experiência, e hoje, se a economia desacelera consideravelmente, o governo pode estimular a economia colocando dinheiro no mercado e reduzindo as taxas de juros. Durante a Depressão, os depósitos nos bancos não tinham seguro, e foi aí que surgiu a frase "corrida ao banco". Bastava que houvesse um boato de que o banco estava com problemas, e todos os clientes do banco queriam sacar fundos ao mesmo tempo. E se isso acontecesse e o banco ficasse sem dinheiro, seus clientes estariam sem sorte.

Veja bem, os bancos não detêm todo o dinheiro que seus clientes depositam. Por exemplo, se um pequeno banco tem US$ 100 milhões em depósitos, é de se esperar que ele tenha cerca de US$ 90 milhões em empréstimos e investimentos. Essa sempre foi a principal maneira usada pelos bancos para ganhar dinheiro. A taxa de empréstimo e investimento deve exceder o que se paga pelos depósitos. A diferença é chamada de *spread*, que lhe permite pagar despesas operacionais e dividendos dos acionistas. Mas ainda que US$ 20 milhões fossem retirados de uma só vez, causaria um grande problema, porque o *spread* seria insuficiente. Em tempos normais, enquanto alguns depositantes estão sacando fundos, outros estão fazendo depósitos, então há um equilíbrio. No entanto, durante a Depressão, todos estavam sacando dinheiro, e ninguém estava depositando. Atualmente, os depositantes podem se confortar com o fato de que seu dinheiro é segurado pelo governo federal (no Brasil, até R$250 mil por depositante, por banco segurado pelo FGC, por categoria de propriedade de conta), o que significa que eles não têm motivos para entrar em pânico durante uma crise econômica.

É claro que os investimentos em ações, ETFs, fundos mútuos, fundos de índice e títulos não segurados não são garantidos pelo governo federal. É possível perder dinheiro nessas compras, mas, se você se comprometer com uma estratégia de investimento diversificada e de longo prazo, a história do mercado de ações indica que, em última análise, seus ganhos sempre excederão suas perdas. Como já discutimos neste capítulo, é uma boa ideia minimizar seu risco optando por fundos mútuos e fundos de índice em vez de ações individuais, a menos que você seja um investidor experiente.

Quando uma crise econômica vem – e certamente em algum momento da sua vida ela virá –, é crucial que você não entre em pânico nem passe a tirar todo o seu dinheiro do mercado. Parte do investimento é aprender a suportar as baixas e não ficar muito animado com as altas. Em muitos aspectos, a melhor abordagem de investimento é investir consistentemente a mesma quantidade de dinheiro em intervalos regulares, independentemente do que o mercado de ações está fazendo. Isso é chamado de *dollar cost averaging*, mais relevante para investimentos de longo prazo, como fundos mútuos e ações. Quando você tem dinheiro descontado automaticamente do seu contracheque para investir na aposentadoria, essa é uma forma de aportes regulares, porque o mesmo valor está sendo sacado a cada período de pagamento. Você pode fazer o mesmo com outros investimentos de mercado também, seja agendando compras automáticas ou se comprometendo a gastar certa quantidade de dinheiro em investimentos a cada mês ou trimestre, independentemente do desempenho do mercado. Ao espalhar seus investimentos ao longo do tempo em vez de investir uma quantia fixa no mercado, você evita o risco de comprar a um preço de pico e, em seguida, observar em agonia à medida que o preço cai. É claro que o preço provavelmente vai subir em algum momento, mas se você tem uma baixa tolerância ao risco, a experiência pode ser muito perturbadora.

# "

**O mercado de ações foi projetado para transferir dinheiro dos investidores ativos para os pacientes.**

"

– Warren Buffett

Se você ignorar o drama criado pelas altas e baixas do mercado, pode se beneficiar do sucesso que vem para aqueles que permanecem no jogo por mais tempo. Além disso, é ineficaz esperar baixas para comprar ações. Isso é chamado de *valor médio*, e essa estratégia envolve investir mais quando os preços das ações estão baixos e menos quando estão altos. No entanto, esse método é controverso porque jogar o jogo de espera pode fazer com que você perca os ganhos possíveis por um aumento contínuo nos preços. É impossível prever o *timing* do mercado – até mesmo os investidores mais bem-sucedidos não estão corretos 100% do tempo – então uma melhor estratégia a longo prazo é investir quantias regulares de dinheiro em intervalos regulares.

Ademais, não fique tentado a liquidar seus investimentos só porque quer usar o dinheiro antes. Quando eu trabalhava no banco comunitário, as taxas pagas nos depósitos eram de cerca de 8%. Porém, vi muitos clientes sacarem fundos de seus CDBs mais cedo e pagarem uma multa de juros de seis meses, simplesmente porque queriam usar o dinheiro em outro lugar. Quando as pessoas não deixam seus investimentos amadurecerem, dificultam a capacidade de o dinheiro trabalhar para elas na criação de riquezas. Se você tem menos dinheiro investido, o potencial de retorno e crescimento a longo prazo também é minimizado. Finalmente, comprar e vender com frequência fará com que você perca dinheiro para taxas de liquidação e impostos.

É quase impossível se tornar um milionário sem investir. Vale a pena repetir: quando você acha que não está correndo nenhum risco poupando tudo em vez de investir, está correndo o maior risco de todos, que é o potencial de perder ganhos futuros. Comece a se educar e criar uma estratégia de investimento que irá apoiá-lo na realização de seu propósito principal definido.

## REVISÃO PARA RIQUEZAS

✧ Poupar todo o seu dinheiro em vez de investir é mais arriscado do que investir, pois o poder de compra de suas economias será diminuído ao longo do tempo pela inflação.

✧ A seguinte filosofia geral de investimento garantirá que seus planos financeiros sejam sólidos:

- Saiba o seu "porquê".
- Aceite conselhos sábios, não opiniões.
- Invista no que você entende.
- Diversifique seus investimentos.
- Reinvista dividendos.
- Mantenha o curso.

✧ Os investimentos não são meios de curto prazo para a construção de riqueza rapidamente. Eles geram dinheiro ou aumentam de valor ao longo do tempo.

✧ Tanto assessores profissionais quanto amigos e colegas bem-intencionados lhe oferecerão suas opiniões sobre bons investimentos. Compare qualquer conselho financeiro que você receber aos frutos do seu próprio conhecimento para determinar o melhor a fazer.

✧ Se uma estratégia de investimento é muito complexa para você entender os detalhes, então ela não é um bom investimento para você.

✧ Ao considerar no que investir, deixe que os produtos e as empresas com os quais você já esteja familiarizado o inspirem, mas complemente a *expertise* do consumidor com uma pesquisa adequada.

✧ Os investimentos populares no mercado são ações individuais, fundos mútuos, fundos de índice e fundos de investimentos negociados em bolsa (ETFs). Ações individuais são investimentos mais arriscados do que fundos mútuos, fundos de índice e ETFs, que oferecem participações em uma ampla gama de ações e títulos.

✧ Investimentos de menor risco e menor rendimento são certificados de depósito bancário (CDBs), títulos e fundos do mercado monetário. Um CDB é um mecanismo de poupança que lhe permite ganhar juros compostos sobre um saldo que você concorda em deixar com o banco por um período fixo. Um título é como um empréstimo feito por um investidor a uma entidade de empréstimo, como um governo ou uma corporação: quando ele vence, o investidor recebe o principal do empréstimo mais juros. Um fundo de mercado monetário mitiga parte do risco de um fundo mútuo tradicional investindo em ativos relativamente seguros que vencem em um curto período.

✧ Moeda é um investimento arriscado e deve compor uma parcela mínima da carteira de investimentos, se compuser, pois seu valor varia muito dependendo do clima econômico e não gera dividendos nem ganha juros.

- Outro investimento popular é o imobiliário, que pode gerar maiores retornos em períodos mais curtos do que os investimentos no mercado. Contudo, é necessária uma grande quantia inicial.

- Não coloque todos os ovos em uma cesta. Um portfólio diversificado de ativos é o caminho mais seguro e certo para a riqueza de longo prazo e deve incluir uma mistura saudável do seguinte:

  - Ações do governo para empresas de diferentes tamanhos (pequenas, médias e grandes)
  - Títulos de renda fixa do governo (títulos, CDBs e fundos do mercado monetário)
  - Ações estrangeiras para empresas em mercados desenvolvidos e emergentes
  - Títulos de renda fixa estrangeiros (títulos internacionais)
  - Investimentos alternativos (por exemplo, imóveis, moedas, colecionáveis)

- Para aproveitar ao máximo o potencial de construção de riqueza de investimentos, reinvista o dinheiro que você ganha com eles (seja por meio de juros, ganhos de capital ou dividendos) em vez de gastá-lo.

- Não deixe que as flutuações no mercado o impeçam de investir ou façam com que você retire seu dinheiro antes que ele tenha tido oportunidade suficiente para crescer. Somente ficando no mercado mais tempo você pode se beneficiar do crescimento histórico.

- Uma das melhores abordagens para investir é chamada de *dollar cost averaging*, em que você investe consistentemente a mesma quantidade de dinheiro em intervalos regulares, independentemente do que o mercado de ações esteja fazendo. Ao espalhar seus investimentos ao longo do tempo, você evita o risco de comprar a um preço de pico e, em seguida, observar agoniado à medida que o preço cai.

## O SEU GRANDE PLANO MILIONÁRIO

✧ Qual é o seu "porquê" para investir? Esse objetivo vai motivá-lo a manter a consistência e a longevidade de seus investimentos? (Lembre-se: ele deve ser um objetivo relativamente de longo prazo, como economizar para amortizar um financiamento habitacional, economizar para a faculdade de seus filhos ou construir riqueza para a aposentadoria.)

_____

_____

_____

_____

_____

_____

✧ Calcule de quanto dinheiro você precisa para a aposentadoria. O objetivo é ter dinheiro suficiente guardado para que você possa viver dos juros e não tocar no principal, o que significa sacar cerca de 4% do investimento a cada ano durante a aposentadoria. Fidelity diz para planejar uma renda anual de aposentadoria que é 80% do seu salário final antes de se aposentar. Então, para determinar quanto você precisa economizar para sacar 4% e atingir essa marca de 80%, divida sua renda pós-aposentadoria antecipada por 0,04. Por exemplo, se o seu salário de pré-aposentadoria é US$ 80 mil anuais, você deve ter US$ 64 mil disponíveis a cada ano, o que significaria precisar de US$ 1,6 milhão economizados para a aposentadoria. O cálculo é assim: $(80.000 \times 0,8) \div 0,04 = 1.600.000$.

✧ Faça algumas pesquisas em diferentes veículos de investimento, observando detalhes como saldo de abertura necessário, taxas de administração, retorno anual esperado e desempenho ao longo do tempo. Com base em suas descobertas, faça um plano para investir em pelo menos um ativo neste ano (depois de ter construído seu fundo de emergência).

❖ Faça um plano, com ou sem a ajuda de um consultor financeiro, para construir um portfólio diversificado. Que tipos de ativos você incluirá?

_____

_____

_____

_____

_____

_____

_____

> **66**
>
> O homem não pode viver apenas de pão. O processo de ganhar dinheiro, de acumular poder material, não é tudo o que há para viver. A vida é algo mais do que isso, e o homem que ignora essa verdade perde a maior alegria e satisfação que se pode ter na vida – o serviço para os outros.
>
> – Edward Bok,
> *The Americanization of Edward Bok*
>
> **99**

# CAPÍTULO 9

# SERVIÇO: A CHAVE DE OURO PARA A CONSTRUÇÃO DE RIQUEZAS

Nossa vida passa por três etapas: a primeira é o aprendizado, a segunda é o ganho, e a terceira é o compartilhamento. O terceiro estágio deveria ser o melhor de sua vida – aquele em que você solidifica seu legado. É claro que você não deve esperar até atingir suas metas financeiras para construir o seu legado. O serviço deve ser um elemento central do seu grande plano milionário em todas as etapas de sua jornada de sucesso.

Em *A View from the Top*, Zig Ziglar ensina que o segredo para passar do sucesso para a *significância* é maximizar os dons e o potencial que você tem para alcançar objetivos que melhorem a vida dos outros. Ele escreve: "A significância abrange uma dimensão espiritual, e uma dimensão espiritual sempre envolve cuidado e preocupação com outra pessoa". Embora a sociedade atual tenda a ser muito egoísta – preocupada mais com o modo como uma pessoa pode avançar, muitas vezes à custa de outra –, a única maneira de se encontrar a real felicidade e paz de espírito é vivendo a Regra de Ouro: fazer aos outros o que você teria feito a si mesmo. Encontre alegria e propósito para ajudar os outros, e você aproveitará os frutos do sucesso ao longo de sua vida, mesmo enquanto ainda buscar a visão final de realização que você estabelecer para si mesmo.

> ## Como é maravilhoso o fato de que ninguém precisa esperar um único momento antes de começar a melhorar o mundo.
>
> – Anne Frank

## O CORAÇÃO DE SEU PROPÓSITO PRINCIPAL DEFINIDO

A maneira mais segura de permanecer pobre é ser obcecado em ficar rico. Embora a construção da riqueza possa ser uma parte central do seu propósito principal definido, não deve ser um fim em si mesma. Os indivíduos mais ricos e bem-sucedidos não se concentram exclusivamente no lucro; eles se concentram no valor que estão criando. Como Jim Stovall compartilha em nosso livro de coautoria *The Gift of Giving*: "As chances de servir e as chances de sucesso são as mesmas, se você as vir corretamente. Se você se concentrar em se doar agora, de qualquer maneira que puder, grande ou pequena, descobrirá a verdadeira riqueza que está no lado de dentro. E se você compartilhar seus dons com poder, dedicação e persistência suficientes, é improvável que o sucesso material fique muito para trás".

> **O único sentido da vida é servir à humanidade.**
>
> – Leon Tolstói

Ajudar os outros a melhorarem suas circunstâncias por meio da educação tem sido meu propósito na vida. Essa orientação sobre o serviço não só enriqueceu minha vida, mas também foi responsável pela minha realização profissional e financeira. De fato, grande parte do meu sucesso no setor bancário veio de operar dentro de um quadro de serviços. Quando eu era presidente de um banco comunitário, era minha responsabilidade acompanhar nossos clientes que estavam inadimplentes em seus financiamentos. A maioria dos indivíduos nessa função adota uma abordagem mais rígida para tal trabalho, ameaçando tirar casas e pertences se os endividados não pagarem seus empréstimos. No entanto, adotei uma posição diferente: eu vi como minha responsabilidade ajudá-los a resolverem seus problemas, permitindo também que o banco resolvesse o problema dele. O banco precisava que os clientes pagassem seus empréstimos, e os clientes precisavam evitar a reintegração de posse. Percebi que poderíamos satisfazer ambas as partes se os endividados pudessem juntar qualquer dinheiro que encontrassem e fazer um pagamento parcial. Alguma quantia era melhor do que nenhuma, porque impedia as pessoas de perderem suas casas e impedia o banco de perder uma grande quantidade de dinheiro em uma hipoteca. Em todo o meu tempo no banco, eu nunca executei uma hipoteca. Além disso, vendi todas as 35 casas cujas hipotecas haviam sido executadas antes do meu tempo no banco – muitas para os proprietários originais. Ao me concentrar em agregar valor aos outros em vez de apenas me tornar um banqueiro rico, eu ajudei a empresa e a comunidade a prosperarem, ao mesmo tempo que atraía riquezas para minha vida.

Eu mantenho essa tradição em meu papel como diretor-executivo e CEO da Fundação Napoleon Hill, uma organização dedicada a compartilhar os princípios de Hill para que as pessoas possam melhorar suas vidas e transmitir os seus dons para suas comunidades. A organização tem êxito quando capacita as pessoas a mudarem suas vidas por meio de informações e ações. Por meio de nossos muitos produtos educacionais, bolsas de estudo, programas de desenvolvimento e oportunidades de licenciamento, preparamos indivíduos na comunidade de nossa cidade – Wise, no estado da Virgínia –, na nação e no mundo para criarem e viverem seus legados. Como ajudamos as pessoas a descobrirem, você não precisa nascer com privilégios naturais para ter sucesso na vida. Você simplesmente precisa aproveitar o poder de seus pensamentos e alinhá-los a ações com propósitos, apoiados pela cooperação de indivíduos com mentes semelhantes, a fim de alcançar seu desejo intenso. Esse último ponto é importante: a cooperação externa pode ser mais facilmente obtida por meio do foco em enriquecer a vida dos outros. Uma vez que você agrega valor aos outros, eles serão mais propensos a apoiá-lo em seus objetivos.

A fim de garantir que seu desejo esteja sempre firmemente ancorado em um espírito de serviço, Hill fornece o seguinte credo. Adote-o como seu guia para interagir com os outros e fechar negócios.

### Código de ética de Napoleon Hill

*Desejo ser útil aos meus semelhantes enquanto viajo pela vida. Para fazer isso, adoto este credo como um guia a ser seguido para lidar com meus semelhantes:*

*Treinar a mim mesmo para que nunca, sob nenhuma circunstância, procure falhas em qualquer pessoa, não importa o quanto eu possa discordar dela ou quão inferior seu trabalho possa ser, desde que eu saiba que ela está sinceramente tentando fazer o seu melhor.*

*Respeitar meu país, minha profissão e a mim mesmo. Ser honesto e justo com meus companheiros, da mesma forma que espero que eles sejam honestos e justos comigo. Ser um cidadão leal ao meu país. Falar dele com orgulho e agir sempre como um guardião digno de seu bom nome. Ser uma pessoa cujo nome carrega peso aonde quer que vá.*

*Basear minhas expectativas de recompensas em uma fundação sólida de um serviço prestado. Estar disposto a pagar o preço do sucesso por meio de esforço honesto. Olhar para o meu trabalho como uma oportunidade a ser desfrutada com alegria e aproveitada ao máximo, e não como trabalho pesado e doloroso a ser relutantemente suportado.*

*Lembrar que o sucesso está dentro de mim, no meu próprio cérebro. Esperar dificuldades e abrir caminho em meio a elas.*

*Evitar a procrastinação em todas as suas formas, e nunca, sob nenhuma circunstância, adiar para amanhã nenhuma obrigação que deva ser cumprida hoje.*

*E, finalmente, assumir o controle sobre as alegrias da vida, para que eu possa ser cortês com os homens, fiel aos amigos e fiel a Deus.*

## GENEROSIDADE É O SEGREDO PARA UMA MENTALIDADE DE ABUNDÂNCIA

Nós prosperamos financeiramente quando mantemos uma mentalidade de abundância. A maneira mais consistente de alcançar essa mentalidade é por meio da doação. É impossível não ser otimista quando você está acrescentando valor à vida dos outros. Esse valor não precisa ser monetário. Também podemos compartilhar os dons do nosso tempo e/ou talento com os outros. John D. Rockefeller teve a ideia certa: "Dar é o segredo para uma vida saudável. Não necessariamente dinheiro, mas qualquer coisa que uma pessoa possua para dar em termos de encorajamento, simpatia e compreensão". É claro que poder compartilhar sua riqueza com os outros é uma grande bênção, mas uma bênção ainda maior é compartilhar a si mesmo com eles.

> # "
>
> É literalmente verdade que você pode ser mais bem-sucedido e de forma mais rápida ajudando os outros a terem sucesso.
>
> **"**
>
> – Napoleon Hill

Quando você opera em um espírito de generosidade, supera medos que o impedem de alcançar seus objetivos e aproveitar a vida. A generosidade nos inspira a ver o melhor nos outros e em nós mesmos, dando-nos a confiança e a fé de que precisamos para perseguir nossos sonhos. É impossível operar com medo e fé simultaneamente, e o otimismo, o subproduto da generosidade, é o segredo para manter uma mentalidade de fé. Por meio da doação de nós mesmos, acumulamos uma riqueza de emoções positivas e criamos uma rede de associações que alimentam nossa conquista em todas as áreas da vida. É raro conhecer um indivíduo com um sucesso duradouro que esteja focado exclusivamente em seu próprio progresso e ainda mais raro encontrar alguém que esteja focado em seu próprio sucesso à custa dos outros.

Dar também é a chave para superar o fracasso. Pode parecer contraintuitivo pensar que, quando você se depara com uma derrota temporária, deve procurar formas de doar. No entanto, esse é, na verdade, o momento perfeito para buscar maneiras de agregar valor. Ao fornecer um serviço útil aos outros, você muda seu foco da derrota para o sucesso – dos pontos negativos da vida para as muitas bênçãos que você já está desfrutando. Essa consciência de sucesso atrairá maiores oportunidades em sua vida, permitindo que você transforme o fracasso em possibilidade. A lei do aumento de retornos se aplica aqui: ao depositar bondade e serviço na vida dos outros, você garante que o mesmo ocorra a você – mas ampliado. Invista em seu futuro mantendo uma filosofia de serviço, e você colherá recompensas espirituais e emocionais que valem muito mais do que riquezas materiais, embora elas provavelmente sejam colhidas também.

Finalmente, o serviço é a única maneira de manter a motivação na busca de seu propósito principal definido, de dar condições à nossa personalidade e ao nosso caráter, de melhorar nossa iniciativa e persistência. Sorria prontamente, ria de coração e viva com vigor e propósito – esse é o segredo para permanecer apaixonado por seu desejo primário e continuar a trabalhar, mesmo quando parece que você se estabilizou e não está fazendo nenhum progresso. Esses momentos são aqueles que nos convidam a cavar fundo e a encontrar maneiras adicionais de nos doar, com uma disposição alegre. Ao fazer isso, semeamos as sementes para o nosso sucesso, ao mesmo tempo que desfrutamos da colheita no presente.

Se é para você aprender alguma coisa com este livro, que seja que o sucesso é mais uma mentalidade do que um destino. Construir riqueza é um objetivo valioso, se orientado para o crescimento e o serviço. Mas a maior conquista de todas é alcançar a paz de espírito que apenas a doação pode trazer.

# REVISÃO PARA RIQUEZAS

✧ O serviço deve ser um elemento central do seu grande plano milionário em todas as etapas da sua jornada de sucesso.

✧ Encontrar alegria e propósito em ajudar os outros permitirá que você aproveite os frutos do sucesso ao longo de sua vida, mesmo enquanto ainda busca sua visão definitiva de realização.

✧ A maneira mais segura de permanecer pobre é ficar obcecado em ficar rico. Embora a construção da riqueza possa ser uma parte central do seu propósito principal definido, não deve ser um fim em si mesma.

✧ Os indivíduos mais ricos e bem-sucedidos não se concentram exclusivamente no lucro, mas sim no valor que estão criando.

✧ A generosidade é o segredo de uma mentalidade abundante. Ao compartilhar nosso tempo, dinheiro e/ou talento com os outros, cultivamos um espírito de otimismo que atrai oportunidades em nossa vida, superamos medos que nos impedem de alcançar nossos objetivos e construímos nossa resiliência diante das adversidades.

✧ O sucesso é mais uma mentalidade do que um destino.

## O SEU GRANDE PLANO MILIONÁRIO

✧ Como seu propósito principal está arraigado em um espírito de serviço? Se não estiver, como você pode reestruturar isso?

_____

_____

_____

_____

✧ Como você pode compartilhar seu tempo, tesouro e/ou talento para melhorar a vida dos outros?

_____

_____

_____

_____

_____

_____

✧ Faça um plano para prestar um serviço a alguém, sem expectativa de retorno, já nesta semana.

_____

_____

_____

_____

_____

_____

✧ Qual foi a maior lição que você aprendeu ao ler este livro? Como você pode transformar essa lição em uma ação?

_____

_____

_____

_____

_____

_____

# THE NAPOLEON HILL FOUNDATION
*What the mind can conceive and believe, the mind can achieve*

O Grupo MasterMind – Treinamentos de Alta Performance é a única empresa autorizada pela Fundação Napoleon Hill a usar sua metodologia em cursos, palestras, seminários e treinamentos no Brasil e demais países de língua portuguesa.

Mais informações:
**www.mastermind.com.br**

Livros para mudar o mundo. O seu mundo.

Para conhecer os nossos próximos lançamentos
e títulos disponíveis, acesse:

🌐 www.**citadel**.com.br

f /**citadeleditora**

📷 @**citadeleditora**

🐦 @**citadeleditora**

▶ Citadel – Grupo Editorial

Para mais informações ou dúvidas sobre a obra,
entre em contato conosco por e-mail:

✉ contato@**citadel**.com.br